ÉGLISE

SAINT-ÉTIENNE

DE BEAUVAIS.

BEAUVAIS, IMPRIMERIE D'ACH. DESJARDINS.

NOTICE

HISTORIQUE ET DESCRIPTIVE

SUR

L'ÉGLISE SAINT-ÉTIENNE

DE BEAUVAIS,

par Stanislas de Saint-Germain,

MEMBRE DE LA SOCIÉTÉ DES ANTIQUAIRES
DE PICARDIE.

Qualis ara, quanta sedes,
Ipsius capax Dei !
LITURGIE.

SE VEND
AU PROFIT DE L'ÉGLISE SAINT-ÉTIENNE.

1843.

A MONSEIGNEUR

JOSEPH-ARMAND GIGNOUX,

ÉVÊQUE DE BEAUVAIS.

Monseigneur,

Si j'ose prier Votre Grandeur d'agréer la dédicace de ce modeste travail, j'y suis encouragé par la beauté du sujet, non par la manière dont il est traité.

Partout et toujours l'édification des temples a été regardée comme l'hommage le plus solennel que les hommes puissent rendre à Dieu. Nos pères ont compris cette idée et l'ont traduite dans la langue des arts à une hauteur qu'il ne sera plus donné au génie humain de jamais atteindre. Impuissans que nous sommes à marcher sur leurs traces, à imiter leurs chefs-d'œuvre, associons-nous toutefois à leur pensée, en interrogeant à la lumière de notre commune foi ces pierres où ils ont gravé la pieuse expression de leurs croyances, ces vitraux magiques où les yeux des fidèles devaient s'attacher, pendant la célébration des saints offices, pour y découvrir un sujet de méditation. Tel est, Monseigneur, le sentiment qui a guidé dans ses recherches, à St.-Etienne, le plus humble de vos diocésains. En publier le résultat sous le patronage de votre Nom, sera, pour l'auteur et l'ouvrage, la meilleure recommandation auprès du public, car le pays n'oubliera jamais, Monseigneur, les importans services qu'a rendus à la science votre zèle éclairé, et notamment l'impulsion qu'il a su donner aux études archéologiques (1). Enfin, Monseigneur, s'il me fallait un titre personnel pour réclamer votre bienveillant appui, me permettriez-vous d'invoquer cette affection respectueuse qui a commencé en moi pour ainsi dire avec la vie, et qui ne saurait cesser non plus que la vénération profonde avec laquelle

J'ai l'honneur d'être,

De votre Grandeur,

Le très-humble et dévoué serviteur,

STANISLAS DE ST-GERMAIN.

Beauvais, 4 avril 1843.

---

(1) Le grand séminaire de Beauvais, dirigé par M. l'abbé Gignoux, est le premier séminaire de France où l'on ait fait des cours publics de sciences naturelles et d'archéologie.

INTRODUCTION.

D'UN simple coup-d'œil jeté sur quelque tableau de l'ancienne ville de Beauvais, il est aisé de voir combien a changé le caractère monumental de cette antique cité, et à quel point l'ont dénaturée le tems et les révolutions. Au moyen-âge, Beauvais avait une physionomie plus pittoresque et plus accentuée. Ces pignons droits fièrement plantés sur la rue, ces façades de maisons tout imbriquées de carreaux vernis, ces étages à saillie, ces poutres sculptées chargées de figurines ou de sentences bibliques, ces portes historiées tout au long, en un mot, ces mille ornemens qué dans nos goûts de 1800 nous estimons bizarres ou tout au moins inutiles, tout cela s'harmonisait parfaitement avec la multitude et le style des grands édifices civils ou religieux, tout cela trouvait place naturelle dans une enceinte gallo-romaine, et aux flèches sans nombre qui jaillissaient de son sein, nul ne pouvait méconnaître la *ville sonnante*. Que reste-t-il aujourd'hui de tant de monumens, de tant d'églises paroissiales et conventuelles? Il n'est pas difficile de compter les débris arrachés au grand naufrage. Deux églises seules ont survécu, St.-Pierre, St.-Etienne. St.-Pierre de Beauvais attire tous les regards et par ses formes admirablement gigantesques, et par son exécution audacieuse; aussi les dessinateurs et les historiens ne lui ont-ils pas fait défaut.

Mais qui s'est occupé de Saint-Etienne, pauvre basilique tout au plus honorée d'une simple mention dans les annales de l'art chrétien, et pourtant si digne d'intérêt? Son architecture hybride qui lui imprime un cachet si original, si pittoresque, en fait un précieux monument d'étude pour l'archéologie. Elle a cruellement souffert des trois grands ennemis de toute église : le tems, le vandalisme, les embellisseurs. Mais plût à Dieu que le tems fût ici le seul agent dévastateur! Les terroristes ont ruiné par système plusieurs parties de l'édifice, et la façade fournit encore un triste témoignage de leur vandalisme. Survinrent les embellisseurs qui, la râpe, la truelle, la brosse en main, ont gratté, replâtré, badigeonné.

Décrire ce monument, rappeler son passé, et coopérer à sa restauration, est donc une œuvre éminemment artistique. Et toutefois qu'il nous soit permis d'y voir encore autre chose qu'un monument curieux.

Les temples, on l'a reconnu et proclamé, sont à-la-fois le symbole dominant des croyances d'un peuple et le type de son architecture.

Tous les peuples ont eu leur croyance, tous ont élevé des sanctuaires à la Divinité. Rome païenne, l'Egypte amie des mystères, la Grèce aux songes ingénieux, la Gaule druidique, toutes ces nations ont érigé des autels, chacune à sa manière. Et nous, fils du catholicisme, nous avons aussi des temples, œuvres sublimes de la foi brûlante de nos pères, gloire de notre art national, monumens aussi supérieurs en quelque sorte aux temples du paganisme, que nos dogmes lumineux sont préférables à ses profondes aberrations.

Long-tems dédaignées, ces grandes œuvres sont enfin devenues l'objet de récentes investigations. L'archéologie qui semblait n'avoir d'autre domaine que l'Egypte, la Grèce et l'empire romain, a daigné s'étendre à la barbarie du moyen-âge; bien lui en a pris. L'étude des monumens religieux est pleine de charmes et d'intérêt à qui sait comprendre l'esprit des tems, et s'initier au sentiment qui a opéré de si hautes merveilles. Etudier une église sans foi, n'y voir qu'un monceau de pierres artistement édifié, c'est séparer la lettre du sens, arracher l'âme du corps; car tout y est symbole, toute pierre y a sa vie. La basilique chrétienne est une vaste épopée lapidaire, dont chaque membre parle à tous les yeux, poésie et enseignement.

L'auteur de cette notice ne devait donc explorer St.-Etienne qu'au nom de la religion et des arts. Cette église est le plus antique témoin de la foi des habitans de Beauvais, puisque sa fondation remonte au tems même de la prédication de l'évangile dans ce pays, et c'est ainsi que Guy, évêque de Beauvais, la considérait, lorsqu'en l'année 1072 il la nommait dans le titre de constitution du chapitre de St.-Vaast : mère et chef des autres églises de la ville et des faubourgs, *mater et caput cæterarum ecclesiarum tàm in urbe quàm in suburbio positarum.*

La tâche du monographe se borne ici à rappeler succinctement dans un aperçu historique les faits qui sont évoqués par la présence de cet édifice, et à le décrire dans son ensemble et ses détails. L'histoire lui a fourni peu de documens, il est vrai, mais suffisans pour constater, à l'aide des caractères architectoniques, les principales époques d'édification et de destruction. Il doit à Louvet, Loisel, Simon, Godefroy, Hermant, à plusieurs manuscrits et aux communications obligeantes de MM. Lemareschal et Borel de Bretizel les notions premières de cette histoire. Dans la description de l'église il a suivi religieusement la méthode et les principes reçus en archéologie. Enfin il a interprété les peintures sur verre et sur bois qui décorent les chapelles latérales du chœur. A cet égard, il désire faire connaître sa pensée. Selon lui, il faut éviter en décrivant des vitraux les explications détaillées et minutieuses; il faut préciser sans omettre, et ne jamais s'arrêter à la correction de dessin, aux coupes de vêtemens, aux expressions de physionomie, à moins qu'elles ne méritent un intérêt particulier; car le spectateur qui veut aussi deviner quelque chose, aime à se flatter en secret qu'il partage avec son guide le mérite de la découverte. Que l'action lui soit donc révélée, qu'il comprenne le rôle de chaque personnage, mais laissez-le remarquer à part lui la pureté d'exécution, une pose qui trahisse le génie de l'artiste, le brillant, la variété du coloris, le mariage des nuances; bref, tout ce qui tient à l'exécution. Montrez-lui son chemin, mais vous devez le supposer assez grand pour savoir marcher tout seul. S'agit-il surtout de peintures du seizième siècle, comme à Saint-Etienne, où les détails sont infinis? s'il fallait tout nommer et dépeindre, le travail en deviendrait interminable et fastidieux. Mais ce que le visiteur est plus en droit d'exiger, est l'explication légendaire des sujets traités; et, pour qu'il ne soit point surpris de l'étrangeté de ses récits, l'auteur de cette monographie doit lui découvrir la source où il les a puisés. La célèbre légende de maître Jacques de Vorragines, plus connue sous le nom de légende dorée, lui a fourni de précieux documens biographiques sur saint Eustache, saint Nicolas, saint Claude.... La pleine faveur dont jouissait cette légende aux narrés merveilleux sous le règne du style gothique, en fit une mine inépuisable pour les peintres qui y teignaient leurs conceptions des plus vives couleurs, et savaient ensuite les reproduire avec tant de charmes aux parois du sanctuaire. Il a donc fallu demander à la légende dorée l'interprétation des verrières auxquelles ses narrations ont servi de type, tout comme on devait interroger l'apocalypse sur les appareils du jugement dernier.

Cette monographie aura trois divisions :

1re Origine historique;

2e Description de l'église;

3e Explication des peintures sur bois et sur verre.

Aucune gravure n'accompagnera le texte, car cet ouvrage étant purement de localité, le meilleur dessin est Saint-Etienne lui-même.

ÉGLISE SAINT-ÉTIENNE

DE BEAUVAIS.

ORIGINE HISTORIQUE.

Le troisième siècle de l'ère chrétienne allait achever son cours. Dioclétien occupait le trône des Césars; saint Caïus était assis dans la chaire de Pierre. Une nouvelle et terrible lutte allait s'engager entre les deux puissances qui se disputaient le monde. Le paganisme agonisant voulait tenter un dernier effort contre les chrétiens, l'Eglise se préparait à de nouveaux combats et à de nouveaux triomphes.

L'an 284 amena la dixième persécution, la plus horrible depuis les apôtres, qui fut illustrée par les martyres de saint Denis, Rustique et Eleuthère à Lutèce, de saint Sébastien à Narbonne, de saint Victor à Marseille, et dans le Valais par l'immortel sacrifice de la légion Thébaine. Les édits sanglans proclamés dans toutes les provinces de l'empire étaient exécutés dans la Gaule avec une barbarie plus sauvage. En cette ère fameuse, connue dans l'Eglise sous le nom d'ère des martyrs, la cité romaine de Beauvais était gouvernée par Sergius et Valère, juges militaires sans connaissances, sans lettres, sans humanité, qui ne savaient que donner la mort. Or, depuis l'an 250 environ, saint

Lucien y prêchait l'Evangile, et faisait chaque jour de nouvelles conquêtes à Jésus-Christ. Des recherches rigoureuses furent faites de tous les chrétiens; saint Lucien, découvert à Montmille avec ses deux compagnons Maxien et Julien, y fut martyrisé sur-le-champ; à ce glorieux exemple, mille Bellovaques convertis souffrirent aussi la mort. Ainsi l'Eglise de Beauvais fut-elle presque étouffée à sa naissance. L'avènement de Constance Chlore rétablit la paix religieuse dans les provinces du nord; les ouvriers évangéliques mettant ce calme à profit, reprirent le cours de leurs saints travaux. En ce tems-là, saint Firmin commençait la carrière de son apostolat et prêchait dans l'Agenois, l'Auvergne et l'Anjou; il apprend tout ce que les chrétiens de Beauvais, alors privés de pasteur, avaient à souffrir de Sergius et Valère qui employaient les menaces et les tourmens pour les faire apostasier; il arrive donc au milieu d'eux, et par ses paroles, par ses exemples, relève tous les courages abattus. Voici ce que raconte le manuscrit de l'Eglise collégiale de Saint-Michel, traduit par Godefroy Hermant : « Le très-
» heureux évêque Firmin, ayant appris que le pré-
» sident Valère faisoit ressentir les effets de son im-
» piété tyrannique aux chrestiens qui estoient dans
» Beauvais, ville des Gaules, et affligeoit par mille
» différens supplices les chrestiens de ces quartiers là
» à cause du nom de Jésus-Christ; il s'y rendit comme
» un généreux athlète parce que c'estoit le lieu où il
» falloit soutenir le plus rude choc de cettte sorte de
» guerre. Dès qu'il y fut arrivé, ses persécuteurs lui
» dressèrent plusieurs embûches, y fut mis en prison
» et frappé de verges. Mais le préfet Sergius qui com-

» mandoit alors, estant mort subitement, par un coup » inspiré de la main de Dieu, le peuple chrestien dé» livra ce saint évêque de la prison où il estoit enserré, » et se trouvant en estat de prescher à tout le monde » l'évangile de la vérité avec une liberté toute entière, » il affermit ce peuple dans la solidité de la foy. Il y » bastit l'église de saint Etienne premier martyr, com» muniqua la lumière de l'évangile à plusieurs peu» ples, et leur fit abandonner l'adoration des idoles » pour le culte du vrai Dieu, » Cette version du manuscrit de Saint-Michel a été suivie par Louvet et autres historiens ; mais Godefroy Hermant qui la cite, ne la croit toutefois pas authentique, et après l'avoir combattue sur plusieurs points, il ajoute relativement à la fondation de Saint-Etienne : « La chaleur de la » persécution généralement excitée dans tout l'empire » romain sous Dioclétien, ne souffrait guère que l'on » bastit des églises, ce qui ne se fait point en un seul » jour. C'est néanmoins une tradition populaire que » saint Firmin est fondateur de celle de Saint-Estienne, » qui est maintenant la plus grande paroisse de la ville, » et qui en estoit séparée pendant que Beauvais ne » consistoit que dans la cité. On ne peut maintenir » cette créance populaire qu'en disant que les chres» tiens ayant remarqué le lieu où saint Firmin avoit » tenu ses assemblées, on y aura basti une église, lors» que la persécution fut apaisée par la conversion du » grand Constantin. (1) » On peut donc conclure avec certitude que le premier temple érigé à Beauvais sous

(1) Histoire de Beauvais, par Godefroy Hermant. Liv. 2, chap. 9.

l'invocation de saint Etienne, fut bâti par les néo-chrétiens de cette ville; et fut-il l'œuvre même de saint Firmiu, ou ne fut-il élevé que quelques années plus tard sous Constantin, on doit toujours le considérer comme un souvenir des persécutions. Cette basilique que Louvet n'appelle même qu'un oratoire, était, sans doute, de construction gallo-romaine, c'est-à-dire analogue à la Basse-OEuvre pour l'appareil de maçonnerie, ayant pour voûte la charpente du toit, et formant un vaisseau rectangulaire d'une proportion très-médiocre. Au surplus, la chronique parle moins du monument en lui-même, que des événemens qui s'y rattachent, événemens trop remarquables pour être passés sous silence.

Vers l'an 845, sur la fin du pontificat de saint Hildeman 31e evêque de Beauvais, les religieux de l'abbaye de Saint-Vaast d'Arras, tourmentés par les fréquentes incursions des Normands, apportèrent à Beauvais la châsse de saint Vaast leur ancien évêque et leur fondateur. Ces saintes reliques furent déposées dans l'église Saint-Etienne, où leur présence y fut signalée par des prodiges merveilleux. Laissons à Louvet le soin de nous les raconter dans son style naïf : « Or, cependant que la châsse de saint Vaast étoit en l'église » de Saint-Etienne, il arriva que, par les mérites et » intercessions du glorieux confesseur, une lampe fut » miraculeusement remplie d'huille qui ne diminuoit » aucunement : ce qu'estant admiré de plusieurs et de » quelques autres négligé et méprisé : il arriva en la » présence tant de ceux qui admiroient que de ceux » qui doutoient que toute l'huille qui étoit en la lampe » sortit et distilla par terre, et incontinent après

» la lampe fut derechef miraculeusement remplie » d'une huille très pure et divinement allumée : de » sorte que personne ne douta plus en après être vrai » ce qu'on disait auparavant, dont vint que saint Hil- » deman lors évêque de Beauvais et ses successeurs » évêques ont en cette église pris leurs huilles, tant » pour le baptême que pour l'extrême-onction. » *(Ex miraculis sancti Vedasti.)* Le même auteur rapporte « qu'en l'an 850, sous Hermenfride succédant à Hil- » deman en la chaire épiscopale de Beauvais, arriva » qu'un des serviteurs des chanoines de l'église cathé- » drale de Beauvais estant lubrique et desbauché, fut » possédé du malin esprit, lequel ayant été appréhendé » et conduit en l'église Saint-Etienne, receust guarison » par les prières de Monsieur saint Vaast. »

Le corps du saint resta quatre ou cinq ans à Beauvais, après lesquels il fut repris par les religieux. Cependant en l'année 881 de nouveaux troubles venant les menacer, les Artésiens, à la sollicitation de Rodolphe abbé de Saint-Vaast, se réfugièrent dans les murs de Beauvais. « Ce fut, dit Godefroy Hermant, sous l'épis- » copat d'Odon que l'abbé et les moines d'Arras rap- » portèrent à Beauvais le corps de saint Vaast leur « patron, qui avoit été tiré de terre par Thierry évê- » que de Cambrai. Leur monastère n'étant pas encore » fermé de murs, et les nouvelles incursions des Nor- » mands portant la terreur dans leur voisinage, ils » jettèrent les yeux sur la ville de Beauvais pour y » porter un si précieux dépôt. Cette cérémonie se fit » avec une affluence extraordinaire du clergé et du » peuple, le 15 juillet, qui est le jour où l'on fait en- » core présentement la fête de cette translation dans

» l'église collégiale de St.-Vaast de Beauvais. Ces reli-
» ques miraculeuses y furent gardées pendant plus de
» treize ans et demi. (1) » Cette seconde translation est confirmée par une légende du Bréviaire diocésain : *Bellovacum, irruentium normanorum metu, asportatum est anno octingentesimo octogesimo* (880). *Percelebris est translatio illa propter quædam miracula sacrarum reliquiarum ope patrata Bellovaci. Post duodecim annos et menses fere decem, sacrum illud depositum Atrebatis restitutum est.* De puissans miracles opérés encore dans l'église de Saint-Etienne, achevèrent de rendre la protection de saint Vaast plus populaire. Pour cette fois la châsse fut exposée douze ans et demi à la vénération des habitans de Beauvais. « Sous Honorat, les
» moines de Saint-Vaast d'Arras, redemandèrent le
» corps de leur saint patron. Quoique Honorat ne put
» sans peine se priver des saintes reliques qui faisoient
» l'ornement de la ville de Beauvais, il les rendit néan-
» moins à ceux qui les avoient confiées à l'un de ses
» prédécesseurs. Sa piété le porta à accompagner les
» religieux d'Arras une très-grande partie du chemin,
» s'estant fait suivre de toute la ville, qui mesloit ses
« hymnes et ses louanges aux cantiques du clergé. (2). A dater de cette époque solennelle, saint Vaast fut en si grande vénération dans Beauvais, que l'église où avaient été déposées ses reliques, fut placée aussi sous son invocation, et jusqu'au XVIIIe siècle les historiens lui donnèrent indifféremment le nom de Saint-Vaast ou celui de Saint-Etienne. Aujourd'hui cette

(1) Godefroy Hermant, liv. 3, chap. 23.
(2) Godefroy Hermant, liv. 3, ch. 25.

église a repris définitivement le premier vocable qu'elle a reçu de ses fondateurs.

Il faut rapporter au IXe siècle l'origine de la fameuse fête de l'âne célébrée à Beauvais avec plus de solennité qu'en aucune autre ville de France, et dont Saint-Etienne était le principal théâtre. Voici quelques détails sur cette burlesque cérémonie, que j'emprunte à M. J. Corblet, dans une notice qu'il a publiée à ce sujet dans le quatrième volume des Mémoires de la Société des antiquaires de Picardie. « Le 14 janvier, dès la pointe du jour, une jeune fille de Beauvais, montée sur un âne et tenant un enfant entre ses bras, pour représenter la sainte Vierge fuyant en Egypte, partait de la cathédrale pour se rendre à l'église de Saint-Etienne. L'âne était recouvert de superbes draperies, et la jeune fille portait une chappe d'or. Une foule immense, précédée du clergé, lui faisait escorte. La procession arrivée aux portes de Saint-Etienne, on entonnait les quatre vers suivans qu'on chantait aussi devant l'église de Sens, le jour de la même fête:

Lux hodiè, lux lætitiæ, me judice, tristis
Quisquis erit, removendus erit de lusibus istis;
Sint hodiè procul invidiæ, procul omnia mœsta
Læta volunt quicumque volunt asinaria festa.

La jeune fille et sa noble monture étant introduits dans le sanctuaire où ils se plaçaient du côté gauche, la messe solennelle commençait. Après le *Veni creator*, on chantait les vers suivans :

Hæc est clara dies, clararum clara dierum;
Hæc est festa dies, festarum festa dierum;
Hæc est sancta dies, sanctarum sancta dierum;
Nobile nobilium rutilans diadema dierum.

Le *Kyrie*, le *Gloria*, l'*Epître*, le *Credo*, l'*Ite missa est* et le *Deo gratias* se terminaient toujours par le cri trois fois répété de *hi-han*. Les rubriques du Missel prescrivaient au diacre de terminer lui même son *Ite missa est* par trois *hi-han*. C'est après l'épître qu'on chantait la *Prose de l'âne*. Comme je ne sache pas qu'elle ait jamais été traduite en vers, j'en ai essayé la version suivante :

PROSE DE L'ANE.

1.

Orientis partibus
Adventavit asinus
Pulcher et fortissimus
Sarcinis aptissimus.

1.

Un âne de fort gente mine
Nous vint du côté du levant,
Sachant sur sa robuste échine
Porter un bagage pesant.

2.

Lentus erat pedibus
Nisi foret baculus
Et cum in *clunibus*
Pungeret aculeus.

2.

Il ne marchait d'un pas rapide
Qu'avec le secours du bâton,
Et quand dans sa croupe timide
Se trémoussait un aiguillon.

3.

Hic in collibus Sichem
Jam nutritus sub Ruben,
Transiit per Jordanem,
Saliit in Bethleem.

3.

Ruben éleva son jeune âge
Sur les collines de Sichem;
Du Jourdain brusquant le passage,
Il vint bondir à Bethléem.

4.

Ecce magnis auribus
Subjugalis filius,
Asinus egregius
Asinorum dominus!

4.

Coiffé de ses longues oreilles,
Voici le fils du Porte-Bat;
C'est la merveille des merveilles,
Des ânes c'est le potentat!

5.

Saltu vincit hinnulos
Damas et capreolos,
Super dromedarios
Velox Madianeos.

5.

Il peut devancer, dans la fuite
Grâce à ses gigantesques sauts,
Le chameau du Madianite,
Les daims, les mulets, les chevreaux.

6.	6.
Aurum de Arabiâ Thus et myrrhum de Sabâ Tulit in ecclesiâ Virtus asinaria.	Sa puissantissime ânerie Jadis à l'église apporta L'or de l'opulente Arabie, La myrrhe et l'encens de Saba.
7.	7.
Dùm trahit vehicula Multâ cum sarcinulâ Illius mandibula Dura terit pabula.	Quand d'un charriot plein de bagage Il traîne le faix accablant, Le drôle égaye le voyage En broyant l'herbe sous sa dent.
8.	8.
Cum aristis hordeum Comedit et carduum Triticum à paleâ Segregat in arcâ.	Dans les granges il fait ripaille Avec de l'orge et des chardons; Il sait choisir... non point la paille, Mais le meilleur blé des moissons.
9.	9.
Amen dicas, asine Jam satur de gramine Amen, amen itera Aspernare vetera.	Rassasié de mangeries, Sire âne, répétez *amen*, Et faisant fi des vieilleries, Dites encore : *amen, amen.*

On fléchissait le genou, à cette dernière strophe, alors qu'on chantait : *Amen dicas asine.*

D'après le manuscrit du XIIe siècle, dont parle Ducange, dans son *Glossarium*, chaque couplet de cette prose était terminé par ce refrain :

Hez sir asnes, car chantez
Belle bouche rechignez
Vous aurez du foin assez
Et de l'avoine à plantez.

A Autun, d'après les registres de Rotarius, le refrain ne se composait que de ces mots :

Hé sire asnes, hé, hé.

Le dernier couplet se terminait par ces paroles :

Hez, va ! hez va ! hez va ! hez
Bialx sir' asnes, car allez
Belle bouche, car chantez
Vous aurez du foin assez
Et de l'avoine à plantez (1). »

Godefroy Hermant raconte que la muraille de l'église Saint-Vaast-Saint-Etienne, où était alors l'hôpital des pauvres, étant sur le point de tomber à cause de sa vieillesse, les ouvriers ayant déjà préparé leurs machines pour la redresser le lendemain, ils la trouvèrent à leur réveil toute redressée.

Une autre fois des charpentiers ayant préparé une poutre pour la réparation de l'église, la trouvèrent trop courte après l'avoir montée; grand fut leur embarras, mais la nuit étant survenue la poutre fut allongée miraculeusement, et dès l'aurore fut placée au lieu pour lequel on l'avait taillée.

A l'égard de toutes ces merveilles on peut répéter avec Châteaubriand : « La plupart de ces faits sont » contestés et très-contestables; mais il s'agit moins de » la critique historique à cette époque, que de la peinture du mouvement des esprits. » D'ailleurs, ces beaux prodiges eurent un terme, et ne préservèrent pas toujours de ruine la basilique primitive de Saint-Etienne, qui, soit par vétusté, soit par une cause que l'histoire nous laisse ignorer, fut détruite aux xe siècle sous le pontificat d'Hervé, 40e évêque de Beauvais.

Vers l'an 997 on jeta les fondemens d'une nouvelle

(1) Mémoires de la Société des Antiquaires de Picardie, t. IV, p. 422.

église qui fut bâtie au même lieu, sur une plus vaste échelle, et avec toute la magnificence architecturale dont l'art de ce tems était susceptible. La nef et les deux transepts encore debout font présumer que le chœur devait appartenir au même style; cependant il faut ici faire une observation qui sera répétée et confirmée plus loin. Les dates historiques et les caractères d'architecture s'accordent à démontrer que le chœur primitif était la plus ancienne partie de l'église. A ces ogives qui commencent à poindre au bas de la nef, ne reconnaît-on pas la marche de l'art qui du chevet au portail a progressé gaduellement? L'ancien chœur offrait sans doute les caractères du roman vierge; il n'en est que plus regrettable. Il est permis d'affirmer que la construction de cette église, commencée à la fin du xe siècle, a duré jusqu'à la seconde moitié du xiie.

A titre de priorité, cette paroisse jouissait de plusieurs priviléges. Dès l'an 1072 Guy, évêque de Beauvais, ayant déposé Roscelin, chantre de la cathédrale, et Nevelon, chanoine de Compiègne, tous deux curés de St.-Vaast-St.-Etienne, y fonda plusieurs prébendes ou canonicats (portés ensuite au nombre de douze) auxquels il conféra tout pouvoir et juridiction ecclésiastique sur leur paroisse et celle de St.-Sauveur, avec toutes les attributions propres à cette dignité. En vertu de ce pouvoir, la cure de St.-Sauveur est restée à la présentation des chanoines de St.-Vaast jusqu'en 1793; ils y célébraient la veille et le jour du patron, et y percevaient les oblations pour lesquelles les marguilliers leur rendaient une somme annuelle de 35 livres. Le curé ne put jamais obtenir sur eux le droit de préséance, il devait même les recevoir au por-

scène vue sous le clair-obscur des vitraux, accompagnée des chants graves et religieux entonnés par l'enthousiasme de la multitude, voilà une solennité digne du moyen-âge. Mais le chapitre de St.-Vaast, institué avec tant de pompe, ne fit guère parler de lui dans l'histoire que par une composition faite avec les Franciscains à la fin du XIIIe siècle, et pour s'être opposé, mais infructueusement, à l'établissement du collége de Beauvais.

Vers la fin du XVe siècle le chœur roman, bâti en 997, fut détruit, on ne sait encore par quelles causes. Le pourtour du nouveau chœur fut commencé en 1506, et le maître-autel consacré en 1522 par maître Jean de Pleurs; le tout bâti aux frais et dépens du clergé et des habitans de la paroisse; mais les comptes furent longs à terminer, car Simon nous apprend qu'il y eut concordat en 1619 pour régler l'association formée à cet effet par les chanoines et les marguilliers. En 1590 on éleva la grande tour qui fut surmontrée plus tard, en 1674, d'une cage de bois, dont les mesures avaient été mal prises, disent les historiens; cependant le dessin en avait été donné par un chanoine de la cathédrale qui a construit le jubé de St.-Pierre, et qui avait conçu le projet d'achever cette superbe église en bois suivant l'ancien plan. Il y a lieu de croire que l'intention des architectes du chœur et de la tour de Saint-Etienne était de supprimer l'ancienne nef comme ils avaient renversé l'ancien chœur. Cette intention semble du moins indiquée par les pierres d'attente, et les arcs qui pendent interrompus sur la paroi du clocher tournée vers l'édifice. Heureux est le contre-tems qui suspendit leur projet sacrilège, car tel élégant que soit le chœur dont il nous ont gratifié, on ne doit pas moins condamner, dans l'intérêt de l'art, ce mélange des ornemens gracieux et légers de la renaissance aux formes imposantes et graves du style roman. Entr'autres vandales architectes, qui entreprirent ces diverses reconstructions, on cite Naquet, Maréchal, Casier. Engrand Leprince, célèbre peintre sur verre a composé pour Saint-Etienne le vitrail de Notre-Dame-de-Lorette, celui de la chapelle Saint-Jean, d'après les cartons de Raphaël, l'arbre de Jessé, Saint-Sébastien d'après Jules Romain, la Nativité dans la chapelle de Sainte-Marguerite, le jugement dernier; le martyre de saint Etienne donné par la famille Delafontaine, saint Nicolas dans un vaisseau agité par la tempête, finalement sainte Catherine discourant au milieu de docteurs. Nous verrons à l'explication des vitraux ce qui subsiste de ces merveilleuses peintures. Nicolas et Jean Lepot, Champagne et autres artistes dont les noms se rencontreront dans la suite de cet ouvrage, ont encore travaillé pour cette église.

Je ne sais précisément à quelle année il faut fixer l'érection de la tribune aux harangues, monument qui était adossé au transept méridional de St.-Etienne, et dont l'usage est connu de tout le monde. Là, le maire de la ville sortant de charge remerciait ses concitoyens; là, le maire nouvellement élu prêtait serment à la commune; là, les pairs et échevins juraient de maintenir la liberté. Quant à l'élection des maires et pairs de la ville, voici la description que Loisel fait de cette cérémonie : « Chacun an, le dernier jour de juillet, la commune » de la ville est assemblée au son de la cloche qui est » en l'église de Saint-Estienne, et est la principale

» horloge de la ville, afin de se trouver au cimetière
» de l'église. En laquelle l'ancien maire montant en
» la chaire qui y est de longtemps, remercie les bour-
» geois de l'honneur qu'ils lui ont fait, les priant l'en
» vouloir décharger, et procéder à l'eslection d'un au-
» tre qui soit bien affectionné au service du roi, et à
» la conservation de la ville. Le lendemain à six heures
» du matin, luy accompagné de ses pairs et autres
» du conseil, font chanter une messe du Sainct-Esprit
» en ladite église; et de là vont en l'hostel-de-ville,
» auquel se trouvent tous ceux du conseil, et la plu-
» part des habitans, au moins les maistres des mes-
» tiers : en la présence desquels le maire ayant dere-
» chef remercié, remet les clefs de la chambre du
» secret, et les sceaux de la ville sur le bureau. Les-
» quelles, s'estant retiré, sont mis par le procureur
» de la ville ès-mains du plus ancien pair, et la com-
» pagnie advertie par l'advocat d'icelle d'eslire quatre
» scrutateurs pour recevoir les voix de l'eslection,
» sçavoir est, deux du corps de la ville, et deux de la
» commune : du nombre desquels est ordinairement
» le plus ancien pair. Sont en leur présence appelés
» à tour de roolle lequel est scellé par les scrutateurs :
» et lors chacun sortant de la chambre du secret, en
» laquelle ces nominations ont été faictes, ils s'en
» vont en la salle où est tout le peuple; et ayans lesdits
» scrutateurs reconnu les roolles avec leurs sceaux,
» on publie et annonce tout hault le nom de celuy qui
» est esleu maire à la pluralité des voix. Lequel en est
» incontinent adverti par les députez, qui le prient
» d'accepter la charge : et à cette fin se trouver au
» lieu de la commune sur les quatre heures de relevée,

» afin d'en prêter le serment. Ce qu'il faict en la pré-
» sence de tout le peuple. Et est la forme du serment
» que l'advocat de la ville lui faict jurer telle; vous
» jurez Dieu le créateur que vous conserverez la ville
» de Beauvais souz l'authorité du roy, la défenderez
» de tout vostre pouvoir envers tous et contre tous en
» ses droits, privilèges, franchises et libertez, en-
» semble toute la commune : qui si tost qu'il viendra
» à votre cognoissance aucun péril éminent par le-
» quel il vous apparoisse aucune chose au dommage
» de la ville et surtout contre le service du roy, vous
» le communiquerez à vos pairs pour en avoir advis :
» et au contraire s'il vient à vostre cognoissance au-
» cun bien pour le profit de la ville et commune, vous
» le mettrez en délibération, qu'en vostre charge aucun
» pour inimitié ne blesserez, ni pour amitié ne sup-
» porterez, que vous ne transporterez, ne permettrez
» être transportés aucuns tiltres ou enseignemens du
» secret sans délibération, que vous ferez exécuter se-
» lon vostre pouvoir ce qui sera délibéré, et vous vous
» comporterez en vostre charge comme un bon maire
» et un homme de bien est tenu de faire. Ce serment
» étant faict, lui estant en bas au milieu de la com-
» mune, sur l'interrogatoire de l'advocat qui en haut
» dedans la chaire, on le conduict en icelle. Et de là
» après avoir remercié la compagnie, et exhorté un
» chacun au service du roy, et au bien et conservation
» de la ville, il est conduict en sa maison par la plu-
» part de ses pairs et amis, auxquels il donne à soup-
» per. Le lendemain matin, lesdits maire, pairs, con-
» seil et principaux des mestiers étant derechef as-
» semblés au son de la cloche; se trouvent en l'hostel-

» de-ville pour procéder à l'élection des nouveaux
» pairs, au lieu de ceux qui sortent de charge, aux-
» quels l'eslection étant signifiée par un sergent de la
» ville, ils se rendent sur les cinq heures de relevée
» au mesme lieu de la commune, pour y prester le
» serment en la présence du peuple. Lequel ils réitè-
» rent en l'hostel-de-la-vile en la présence du maire
» et des autres pairs. Ce que font aussi tous les autres
» officiers d'icelle, sçavoir est, les lieutenant, advocat,
» procureur, greffier et maistre des forteresses. »

La chaire, ou (pour conserver le langage traditionnel) la tribune aux harangues, n'existait pas comme monument avant le XVIe siècle. Les communiers de Beauvais, en possession du droit d'élire librement les officiers municipaux, se réunissaient primitivement pour cette élection devant le grand portail de l'église. Plus tard, on se porta dans la partie septentrionale du cimetière, et l'on choisit l'extrémité du transept, où, d'abord, on n'éleva qu'un simple tertre surmonté d'un auvent; ce tertre, où l'orateur montait pour haranguer le peuple dans les occasions solennelles, s'appelait alors la commune. Mais il fut bientôt remplacé par un petit édifice en amphithéâtre auquel on accédait par un perron à trois faces. On trouve en 1571 un avis des chanoines de Saint-Vaast, pour prévenir le corps de ville du mauvais état de la tribune. En 1629, la tribune fut reconstruite intégralement sur un plan tout nouveau. On y incrusta trois armoiries en pierre, celle du roi, celle de M. Dauvet seigneur du Marets, et celle de la ville, et deux tables de marbre noir sur lesquelles étaient gravées, en lettres d'or, deux inscriptions dont l'une rappelait l'origine et le but du monument, dont l'autre était le distique suivant :

> Regius hic mons est et in hoc de monte quotannis
> Francorum regi dextra fides que datur.

C'est alors que le monument prit le nom de tribune aux harangues, concurremment avec celui de commune qu'il conserva toujours. On y fit encore de nouvelles réparations et quelques modifications en 1739. Dans ce dernier état, la tribune aux harangues offrait l'aspect d'un bastion. La façade se divisait en trois travées inégales, celle du milieu étant la plus haute, celles de côté suivant un plan incliné. Les murs en chaînes de brique et de pierre étaient recouverts d'un parapet en longues dalles. L'intérieur formait une cour pavée à laquelle on arrivait de chaque côté par un escalier de pierre ; la saillie totale de l'édifice, depuis le mur de l'église jusqu'à la façade, était d'environ cinq mètres (1).

Cette tribune municipale fut détruite en 1793.

D. Devert appelle Saint-Etienne église *in campis* dans son explication des cérémonies de l'église. Erigée hors les murs, elle demeura église paroissiale de faubourg jusqu'à l'époque où l'on assigna pour limites à la ville les fossés qui l'entourent aujourd'hui, et dès-lors elle conquit le droit de cité. Un vaste cimetière clos de murs l'environnait, suivant l'antique et religieux usage ; ce cimetière servait à toutes les paroisses

---

(1) J'ai puisé ces divers renseignemens dans une notice sur la tribune aux harangues, présentée par M. de Vadancourt au Comité archéologique de Beauvais. (*Séance du* 21 *mars* 1842.)

qui n'en avaient pas, de sorte que les voitures ne pouvaient y aborder d'aucun côté; il est aujourd'hui travesti en une place de foire et de marché. On lit extérieurement cette inscription près de la petite porte méridionale :

> Respecte ici les morts, tremble en ces tristes lieux ;
> Crains la mort et l'enfer, et pense au bien des cieux.

D'autres sentences laissent encore quelques traces dans l'entre-colonnement extérieur des contreforts, mais elles sont indéchiffrables.

« Sous Philippe de Dreux l'Hôtel-Dieu fondé plu-
» sieurs années auparavant, était bâti aux environs
» de l'église Saint-Vaast, comme il y possède encore
» plusieurs maisons: ensuite il a été transféré hors la
» porte Saint-Laurent (1). »

Après ces notions que la chronique avare nous fournit si succinctes, il faut prendre connaissance intrinsèque du monument; mais avant, je résume.

Il y eut donc trois églises Saint-Etienne : l'église gallo-romaine, bâtie vers 290 par saint Firmin ou ses disciples; l'église romane commencée en 997, dont la nef et la croisée subsistent encore; l'église de la renaissance, qui n'eut jamais que le chœur et la tour latérale encore existans.

Tel qu'il est aujourd'hui, ce monument présente deux époques tellement distinctes qu'on ne saurait, pour l'étudier et le décrire, adopter de divisions plus naturelles que celles qu'il offre à l'œil le moins exercé.

---

(1) Godefroy Hermant.

DESCRIPTION DE L'ÉGLISE.

EXTÉRIEUR.

Nef.

La façade dont l'ensemble est plus sévère qu'imposant, annonce par sa rose timide, ses trois fenêtres accolées et sa pyramide octogone latérale, l'ère de la transition du plein-cintre à l'ogive. Riche de toute la variété de cette période, elle a néanmoins perdu son effet par le voisinage d'une tour de la renaissance, aux proportions lourdes et démesurées et par la nudité où l'ont réduite les mutilations brutales du vandalisme. Ici, comme à l'entrée des cathédrales, on ne verra pas le jugement dernier ni l'exécution de ses inévitables arrêts, occuper les arceaux par leur tableau saisissant; ces vastes sujets n'y pouvaient être traités avec détails. Mais on voit : la sainte Trinité placée sur le tympan et entourée d'anges qui se prosternent et adorent; puis, le martyre de saint Etienne, dont les exemples parlent si éloquemment à l'exorde de son temple, enfin la naissance de Jésus-Christ. Deux portes pratiquées sous ces pieuses effigies divisent le grand portail; la menuiserie est sans ornemens, et les ferremens rappellent ceux des portes de Notre-Dame de Paris. La grille de la chapelle Sainte-Anne à Saint-Pierre de Beauvais, et la grille circulaire du chœur de Saint-Germer sont d'un style analogue et probablement du même âge. L'encadrement de la porte est formé de quatre voussures ogives à guirlande de feuilles entablées, garnies de confes- Façade.

seurs, de martyrs, d'anges et d'évêques. Les niches inférieures, aujourd'hui veuves de leurs grands saints de pierre, n'offrent qu'un mur nu et plat où la main profane de la municipalité s'est avisée de barbouiller en grosses lettres son écriteau du coin des rues : *Actes de l'autorité publique*. Les ornemens sculptés du portail sont dans un tel état de ruine que le spectateur est réduit à tout deviner, pas une tête n'a bravé la fureur des iconoclastes révolutionnaires, et les formes ne sont généralement accusées que par les brisures. La petite porte de la façade est du même style ; elle est surmontée d'une rose à bordure guillochée, et offre quelques traces de coloration.

Portails latéraux.

La porte méridionale qui donne entrée dans les collatéraux du chœur, n'est qu'une simple percée, dépourvue de tout caractère, pratiquée sous une fenêtre.

Le portail septentrional mérite plus d'attention ; précédé d'un porche-auvent dont je ne sais quel délayeur de mortier s'est permis de le masquer au XVIe siècle, il a perdu tout l'effet de son ensemble et des admirables sculptures qui l'enrichissent. Ces sculptures ornent le tympan, le linteau, les voussures cintrées et les chapiteaux, représentent des griffons, des animaux fantastiques tantôt confondus dans des branchages, tantôt enlacés par les ailes, et forment ainsi des guirlandes de figurines tout-à-fait grotesques (1). Ces re-

(1) M. Charles Bazin a soumis au Comité des arts et monumens, une explication symbolique du tympan et des voussures de ce portail. Il y voit le grand tableau de la création déroulé par l'art chrétien, sans autre règle de classification que celle qui lui était dictée par le récit de la Genèse. Au centre du tympan un buste couronné,

liefs profondément fouillés et d'une exécution hardie, sont, en ce genre, la naissance de l'art; glorieux début pour le ciseau gothique ! On remarque plusieurs tableaux de sculpture plus récente mi-engagés aux colonnes et aux murailles, mais ils n'ont aucun rapport avec le reste. Une inscription tumulaire placée à gauche de la porte (découverte par moi en juin 1840), nous apprend toutefois l'époque de la dégradation du portail dont les colonnettes furent tronquées pour servir de piédestaux à ces images. Elle est ainsi conçue :

ICY DEVANT GIT HONORABLE FAME
LAURENCHE DE CRAIL FAME DE FEU JEHAN COURAS
QUI A DONNÉ CEST YMAGE QUI TRESPASSA
LE IXe JOUR DE NOVEMBRE MIL V^{c} ET XIII.
PRIES DIEU POUR SON AME.

En dehors du porche, se voit un appareil très-curieux formé d'hexagones irréguliers, séparés par des losanges. M. de Caumont, dans la quatrième partie de son savant ouvrage, en donne le dessin planche XLVIII

soutenant de ses deux mains deux cercles ou rinceaux qui comprennent dans leurs contours deux têtes humaines coiffées de la tiare phrygienne, et se terminant en un corps d'animal ailé, représente la Trinité créatrice dans sa parfaite unité, présidant au grand ouvrage de la création. Puis viennent les différentes classes d'animaux bien nettement séparées et placées chacune dans une voussure distincte. Le sculpteur peint au premier cordon de voussure les animaux des mers; au second, les oiseaux à queues fleuronnées; au troisième, les animaux de la terre; enfin, dans la dernière voussure paraît l'homme, le dernier terme de la création. La disposition du sujet, l'ordre de la création rigoureusement observé, la présence de la Trinité créatrice, sont autant de preuves à l'appui de l'opinion de M. Bazin.

n° 4, et le classe dans les apppareils de style roman secondaire. Cette grave autorité nous confirme dans l'opinion que les portails latéraux, les transeps et la haute nef furent construits au XIe siècle. D'ailleurs, les nuances de caractères architectoniques, perceptibles et progressives depuis les transepts jusqu'au grand portail, expliquent bien comment l'ancien chœur, ayant été fondé en 997, le bas de l'église ne fut terminé que vers 1150.

Le sol des portails et de l'édifice est de plain-pied avec celui des rues circonvoisines, mais inférieur au niveau de la place Saint-Etienne. Ce n'est donc pas la *marée montante des pavés de Beauvais qui a dévoré les marches du perron*, mais plutôt la crue incessante du champ des morts qui a enfoui le vieux temple. L'exhaussement du terrain de cet ancien cimetière en est une preuve évidente.

Transepts. Les deux transepts sont de forme égale, mais diversement ornés; celui qui regarde le midi est percé de trois fenêtres en arcades romanes, et n'offre rien de remarquable extérieurement.

Le transept nord est généralement admiré pour la richesse de son ornementation, et surtout pour le curieux sujet (peut-être unique en archéologie) qui est sculpté autour de la rosace. Cette rosace, aux rayons réunis par des arcades trilobées, semble comme affaissée sous le poids des âges; aussi pour en assurer la conservation, a-t-il fallu fortifier tous les raccordemens par des lames de fer. Le sujet en bas-relief qui entoure la bordure extérieure est livré aux éternelles discussions des archéologues. Que signifient ces sculptures? le champ des disputes restera long-tems encore ouvert sur ce

point. On sera peut-être curieux de savoir ce qu'en pensaient les antiquaires du siècle dernier; dans le voyage pittoresque de la France, publié en 1790, on voit une gravure représentant comme un seul et même monument la commune et le pignon du transept; mais ce qui achève de donner la mesure des connaissances archéologiques de ce tems-là, c'est le texte explicatif qui y est joint; on lit : « ce monument très-remar-
» quable porte le nom de tribune aux harangues;
» deux escaliers construits sur les flans donnent
» entrée à une plate-forme où se mettait l'orateur
» public; l'on a soin, dès que quelques dégradations
» s'y manifestent d'y faire les réparations nécessaires.
» Une chose singulière mérite l'attention des specta-
» teurs; c'est un vitrage circulaire, au dessous du
» fronton qui représente une roue de fortune, au haut
» de laquelle est la déesse de la fortune qui tend la
» main à ceux qui aspirent après elle, lesquels sont
» représentés par des figures qui grimpent sur le côté
» droit de la circonférence du cercle, et les précipite
» ensuite sur le côté gauche au bas duquel ils trou-
» vent la mort qui les attend. » On voit qu'il est impossible de se méprendre plus grossièrement sur la nature de ce monument et de ces bas-reliefs. Soit préjugé, soit ignorance, les rédacteurs de ce bel ouvrage n'ont rien compris à notre transept septentrional. Ils n'ont pas su distinguer la lourde et massive tribune, construction bâtarde en style grec modernisé, du transept de l'église qui lui servait d'appui, et se sont simplement imaginé que l'un et l'autre n'étaient qu'une même ruine romaine dont les architectes gothiques profitèrent pour y adosser leur église.

Loin de nous donc l'idée de *roues* et des *déesses* de fortune, idée qui n'entra jamais dans l'esprit religieux des architectes de Saint-Etienne, et qui ne pouvait leur être imputée que par les cerveaux paganisés du XVIIIe siècle; au reste, leur explication arrivait tout naturellement en supposant le transept une ruine romaine où tout devait sembler hors d'œuvre, excepté les *dieux* de la fable.

Quelques archéologues y voient une image du jugement dernier (1) : mais, tout en respectant ce pieux préjugé, nous croyons qu'ils se sont laissés séduire par la beauté du sujet, ou égarer par l'habitude de le rencontrer dans les temples du moyen-âge. Dans leur opinion, les élus figurés par les personnages qui montent vers l'Eternel seraient placés à la gauche, et les réprouvés figurés par ceux qui descendent, seraient à la droite du Père, anachronisme qui n'aurait certes pas été commis dans ces tems de croyance. Les auteurs de cette assertion n'ont pas eu assez égard à la position des personnages qui marchent dans le même sens.

D'autres y voient encore une allégorie des phases de la vie humaine, sujet d'ailleurs très-convenable sur le pignon d'une église; au côté droit de la circonférence du cercle (relativement au spectateur), l'homme marche dans le chemin de la vie, et traverse successive-

(1) Dans le rapport précité, M. C. Bazin dit à ce sujet : Quelques antiquaires ont reconnu au sommet Jésus-Christ appelant à lui les élus et refoulant les réprouvés dans les abîmes..... Que dans le haut soit sculpté le jugement, et dans le bas la création; que la première scène du monde soit ainsi rapprochée de la dernière, cette disposition entre assez dans l'esprit du moyen-âge.

ment l'enfance, la jeunesse, la virilité et la vieillesse : il passe sous la faux de l'ange exterminateur qui tranche le fil de ses jours, et le précipite du côté gauche où il tombe vers sa demeure dernière, figurée par le cadavre couché sous la rosace, enveloppé dans son linceul. Une des figures ne descend pas la tête en bas comme les précédentes; c'est pour rappeler le combat que se livrent la vie et la mort à l'heure suprême. Les différens âges de la vie sont autant de personnifications très-naïvement sculptées. En présence de tant d'opinions contraires, un antiquaire sage suspendra son jugement, et sans se laisser entraîner à toutes les conjectures d'une imagination extravagante, se contentera d'étudier dans cette sculpture tout ce qui est du domaine de l'archéologie positive.

Le pignon triangulaire qui sert de couronnement au transept est enrichi d'un appareil losangé fort curieux, dont M. de Caumont donne le dessin, planche XLVIII, n° 5, et qu'il range dans le système décorateur du XIe siècle. Une petite fenêtre rectangulaire, entourage fleur-de-lisé, ouvre le centre du pignon, chef-d'œuvre de grâce et de délicatesse.

La nef est éclairée de trente-deux fenêtres moyennes et en plein-cintre, hors les deux dernières du flanc méridional qui par leurs ogives annoncent le style de la transition. Toutes sont surmontées d'une archivolte modelée sur leur forme, tantôt simple, tantôt chargée de guillochis romans. Plusieurs sont condamnées par suite des reconstructions et substructions opérées récemment. Fenêtres.

Les contreforts consistent en de simples pilastres de moyen appareil destinés à l'ornement plutôt qu'à la Contreforts.

consolidation de l'édifice et dont la saillie n'excède guère soixante-dix centimètres. Leur épaisseur est dissimulée par une retraite en larmier, qui les réduit à une ou deux colonnes accouplées et terminées elles-mêmes par une figure grimaçante. Vingt-huit piliers de cette nature s'appliquent dans toute leur élévation aux murs de la haute-nef, des collatéraux et des transepts.

Corniche. Il n'existait probablement pas de galerie extérieure. Une corniche découpée en arcatures semi-circulaires qui reposent sur des colonnettes annelées, sculptées en masques, et ornées de figures fantastiques, se prolonge sous la toiture qu'elle semble terminer par sa riche broderie. Les toits de la nef obtus et couverts en tuiles n'offrent aucun caractère ni de forme ni de charpente.

Chœur.

Ici, nous changeons d'époque. Après avoir étudié l'œuvre des XIe et XIIe siècles et la sévérité du style roman, nous contemplons les formes aiguës et multipliées du style ogival quaternaire, nommé à si juste titre en Angleterre style pointu, système de ressauts, de brisemens et d'ornemens reproduits avec une inépuisable fécondité.

Arcs-boutans. Vu extérieurement, le chœur de Saint-Etienne ressemble assez à un bois de haute futaie, effet de perspective qui lui est commun avec tous les édifices gothiques étayés de contreforts. Cinquante piliers butans implantés sur les murs de refend des chapelles, cernent le chœur d'un triple rang, et supportent la retombée des arcs-boutans et rampans divisés en plusieurs arches; ils se terminent tous en pyramidions ou pinacles d'une grande variété de travail; l'un d'eux est surmonté d'un lion assis qui porte écusson. Plusieurs escaliers, disséminés parmi les contreforts, conduisent aux sommités de l'édifice. On en voit un, placé dans l'angle formé par le chœur et le transept méridional qui a pour couronnement une cloche de pierre. Ce nouveau genre de décoration aura sans doute été adopté par quelque amateur de cloches, qui, aveuglé par la passion, aura oublié que la véritable beauté de son amante consiste dans le timbre de sa voix argentine, et nullement dans sa forme d'éteignoir d'un si pauvre effet monumental.

Deux galeries aux balustres gracieusement évidés ceignent le chœur et les collatéraux. Le plan de la galerie supérieure taillé à fond de cuve et recouvert de plomb, forme un large cheneau qui reçoit l'eau pluviale des combles, d'où elle se précipite écumante pour être vomie par les mille gargouilles qui hérissent les contreforts extérieurs. La seconde galerie qui règne autour des chapelles et du chœur, est pavée de dalles également creusées pour l'écoulement des eaux. L'injure des saisons a nécessité quelques réparations aux balustrades; elles ont été faites avec discernement. **Galeries.**

On remarquera la forme excessivement aiguë de la toiture du chœur. L'observateur jugera par lui-même, s'il l'envisage sous divers points de vue, que cet élancement favorise on ne peut plus la perspective, et contribue singulièrement à la légèreté de l'ensemble. Cette manière, fort en usage aux XVe et XVIe siècles, joint à l'élégance l'avantage inappréciable d'une solidité par- **Charpente et comble.**

faite, le vent n'ayant aucune prise, et l'humidité ne pouvant séjourner sur des ardoises ou des feuilles de plomb placées presque perpendiculairement.

La même sagesse a présidé à la construction de la charpente, qui repose sur un entablement plus élevé que l'extra-dos de la voûte, afin que celle-ci ne supporte aucune charge. Toutes les pièces de bois employées à ce travail sont de moyen équarrissage.

Tour.

La grande tour latérale n'offre aucune beauté remarquable; on lui reprocherait plutôt la lourdeur que la coquetterie et l'ornementation tourmentée de la renaissance. Chacune de ses parois est percée de trois étages de fenêtres : au premier étage, c'est le simple tiers-point, au second des ogives jumelles en accolades, et au troisième, des cintres jumaux de style grec. La vis pratiquée à l'angle septentrional, aboutit à un palier extérieur semi-circulaire, d'où l'on peut aisément lire sur le mur de façade le monogramme suivant dont nous n'avons pas la clef :

1598

Enfin, par le même escalier on accède à la campanille, où fut long-tems placée la principale horloge de la ville; on y voit la cloche dite *la commune*, dont l'usage est exclusivement réservé aux besoins de l'administration municipale. Armoriée de plusieurs écussons que l'on reconnaît pour ceux de la ville de Beauvais, au pal qu'ils portent pour toute pièce honorable, elle est ainsi attitrée : *Je suis la commune nommée de Beauvais refondue en* 1396 *par Robert de Croisille, sire Jean de Nointel lors maire; fondue de nouveau en mil sept cent ciquante-huit par Charles et François Morel, sire Pierre-Louis Dubout étant maire.*

De la campanille, on monte à la partie supérieure de la tour, anciennement couverte d'un dôme ou cage d'ardoises, mais qui consiste aujourd'hui en une simple plate-forme plombée à balustrade greco-romaine. Plusieurs ornemens de mauvais goût l'entourent : tels, quatre urnes à flammes tourbillonnantes qui couronnent les angles de la tour.

De la terrasse on a vue sur l'édifice d'abord, dont on saisit parfaitement toute l'économie, puis promenant les regards autour de soi, on retrouve la ville sous des aspects infiniment variés; la cathédrale qui, par la vastitude de ses proportions domine hardiment tout ce qui l'entoure, la grande place qui s'élargit à l'aise, çà et là quelque squelette décharné de vieux temple, les sévères pignons sur rue des maisons antiques, enfin dans l'éloignement la campagne toute luxueuse de végétation, coupée à l'horizon de plusieurs flèches d'églises, et couronnée sur un point par les vastes bâtimens de Brulet-Saint-Lucien, construction vraiment monacale; tout charme, tout séduit, tout enchaîne l'amant du pittoresque.

INTÉRIEUR.

Distribution générale.

L'église offrait primitivement la forme d'une croix latine régulière qui est aujourd'hui dénaturée par l'addition du chœur gothique, et devenue pour ainsi dire croix latine renversée. Les proportions du chœur ne sont nullement en harmonie avec celles de la nef; aussi le spectateur est-il frappé tout d'abord de ce défaut d'unité dans l'ensemble. Il ne peut voir sans douleur cette basilique dégradée par les ans, outragée par le vandalisme, privée de la teinte solennelle et religieuse de ses antiques vitraux, et recevant des flots de lumière sur ses murailles éclatantes de blancheur. Du fond du l'église il remarque l'accroissement considérable d'élévation des parties éloignées; plus loin, il éprouve comme la surprise d'un homme qui serait instantanément transporté d'un pays dans un autre, et tel étranger qu'il soit aux phases de l'architecture chrétienne, ce ne peut être à son insçu qu'il franchit cinq siècles d'un seul pas. Là, l'enfance, ici la caducité d'un art qui se tue à force de raffinemens. Aux piliers robustes couronnés par de massifs chapiteaux, succèdent de sveltes colonnes qui d'un seul jet élancent leurs légères nervures jusqu'à la clef de voûte; au roman pur se lie le gothique dégénéré, de sorte qu'en cette église sont réunis le principe et la fin, l'alpha et l'oméga de l'architecture chrétienne.

C'est pourquoi, tirant un voile entre ces deux parties, nous les étudions comme deux monumens séparés.

Nef.

Vingt-huit piliers à larges bases supportent la retombée des différentes arches; tantôt isolés, tantôt mi-engagés au mur latéral et fortifiés extérieurement par les contreforts, ils établissent six grandes travées; ils sont flanqués de quatre colonnes qui, par une disposition vraiment singulière (et peut-être sans exemple), affectent la forme elliptique aiguë, et de quatre colonnettes cilindriques enchâssées dans des bandes anguleuses. Leurs chapiteaux sont taillés en cannelures ou volutes simples; leurs bases agrafées sont très-massives, et celles des bas-piliers ont exigé une circonférence proportionnée à l'énorme charge qu'ils paraissent destinés à soutenir. Piliers.

Le plein-cintre domine dans les voûtes latérales, et à la grosseur des tores qui forment les arceaux on reconnaît l'œuvre du XIe siècle; on constate toutefois une nuance de progrès vers le portail, ce que nous avons déjà vérifié extérieurement. Voûtes.

Les hautes voûtes de la nef et de la croisée furent construites à une époque postérieure; les caractères du style ogival primitif y sont évidens. Il n'est guère d'églises dont les voûtes ne soient tombées trois ou quatre fois; on ne sait néanmoins à quel sinistre attribuer la chute des voûtes romanes de Saint-Etienne; mais il ne faut pas s'étonner que l'histoire silencieuse sur d'autres faits plus importans nous laisse ignorer la cause des diverses dégradations de ce monument. Mal assises sur les tailloirs, les nervures paraissent en désaccord avec leurs soutiens; les clefs de voûte sont généralement très-ornées. Dans les bras de la croix se voient quelques modillons grotesques; les uns font office de cariatides dans les encoignures, les autres terminent en cul-de-lampe plusieurs colonnes tronquées; on y pourra faire à son gré une étude complète de monstruosités fantasmagoriques. Bien qu'appartenant toujours à la période romane, le carré central de la croisée s'élève beaucoup plus haut que la nef et les transepts, mais ces trois pans de muraille appuyés sur trois grandes arches dont la nudité n'est rompue que par de petites fenêtres cintrées, sont les restes de la lanterne ou clocher central de l'église romane. Au XVIe siècle, fut construit ce fragment de voûte qui semblerait être une anticipation du chœur sur les transepts, ce qui ne contribue pas peu à donner même extérieurement à cette partie de l'édifice un aspect tout bizarre.

Galerie.

Une galerie se prolonge au-dessus des bas-côtés qu'elle égale en largeur; elle s'ouvrait sur chaque travée par deux arcades secondaires inscrites dans une arcade principale de courbe semblable soutenue par une colonne centrale. En fermant cette galerie, on a malheureusement privé la nef du peu de légèreté qu'elle pouvait avoir dans le principe, et ravi aux spectateurs le meilleur point de vue pour contempler l'intérieur de l'église et l'effet majestueux des cérémonies chrétiennes.

Tableaux et sculptures.

On examinera avec charme quelques sculptures empreintes de toute la naïveté antique, qui décorent la nef; de nombreuses peintures tapissent les murs latéraux; la plupart dénuées d'intérêt artistique ne doivent pas être mentionnées ici.

Seconde travée. Flanc septentrional. Ecce homo : adossé contre un pilastre, placé sur une console de mauvais goût, sculpté en grandeur demi-colossale, autrefois peint et doré, maintenant badigeonné en gris.

Pilier entre les cinquième et sixième travées. La chaire de prédication est ornée de panneaux en reliefs du XVIe siècle, encastrés dans une menuiserie moderne; on y voit les quatre évangélistes et le martyre de saint Etienne sur le poutour, et sur le dossier une grande figure de saint Sébastien.

La chapelle septentrionale de la croisée à laquelle on arrive, anciennement dédiée à saint Joseph, l'est aujourd'hui à saint Michel; elle renferme un grand tableau dont l'exécution n'est rien moins qu'heureuse, le sujet en est toutefois intéressant. Cette peinture provient, ainsi que la lourde boiserie qui lui sert d'encadrement, de l'église collégiale Saint-Michel, et fut conçue d'après ce texte du prophète Daniel : « *In tempore illo consurget Michael princeps magnus,* » *qui stat pro filiis populi tui, et veniet tempus quale* » *non fuit ab eo ex quo gentes esse cœperunt usque ad* » *tempus illud. Et in tempore illo salvabitur populus* » *tuus, omnis qui inventus fuerit scriptus in libro. Et* » *multi de his qui dormiunt in terræ pulvere, evigilabunt; alii in vitam æternam, et alii in opprobrium ut* » *videant semper. Qui autem docti fuerint, fulgebunt* » *quasi splendor firmamenti, et qui ad justitiam erudiunt multos, quasi stellæ in perpetuas æternitates...* »

« En ce tems-là s'élevera Michel le grand prince » qui est debout pour les fils de ton peuple; et un tems » viendra, tel qu'il n'en a pas été depuis que les na-

» tions ont commencé jusqu'au tems présent. Et en » ce tems-là ton peuple sera sauvé, et quiconque sera » trouvé écrit dans le livre. Et plusieurs de ceux qui » dorment dans la poussière de la terre s'éveilleront : » les uns, pour la vie éternelle; et les autres, pour » l'opprobre, afin qu'ils le voient à jamais. Or, ceux » qui sont intelligens brilleront comme la splendeur » du ciel; et ceux qui enseignent la justice à plusieurs » seront, comme les étoiles, dans toute l'éternité.... »

Daniel, cap. XII; 1 — 3.

L'archange Michel, placé devant le Fils de l'homme, lui présente toutes les conditions humaines, la papauté, les trônes, tous les ordres de la hiérarchie sainte depuis l'évêque jusqu'aux religieux, toutes les classes de la société depuis le magistrat jusqu'au mercenaire, tous les âges de la vie depuis la vieillesse jusqu'à l'enfance; une jeune fille agenouillée au bas de la scène déroule une bandelette où sont gravés ces mots : MICHAEL CONSURGET PRO FILIIS DEI. *Dan. c. XII v.* 1. *Claud. de Catheu, hujus Eccle. Canon. ac præs. D. D.* 1732. *N. Delobel int et pinxt.*

La chapelle méridionale qui fait face à la précédente, s'appelait autrefois chapelle de saint Martin, elle est connue aujourd'hui sous le nom de chapelle de la Croix ou des Morts. L'autel très-simple est surmonté d'un immense rétable qui enchâsse un tableau de Notre-Dame de Pitié, portant cette signature : L. Depape int. 1724.

Sur le pilier qui termine les travées du flanc méridional se voit le grand Christ qui servait de couronnement à l'ancien jubé. Ce pilier est revêtu de lambris du

XVIe siècle, à serviettes ou papiers roulés; et à médaillons de diverses sortes.

Pilier entre les 4e et 5e travées. Le manuscrit du château de Bachivillers nous apprend que ce pilier s'appela jadis pilier de l'œuvre, à cause de la sculpture représentant Notre-Dame de pitié dont il est orné; au-dessus on voyait un grand saint Christophe qui a disparu. Néanmoins la Mater dolorosa, bas-relief de la quatrième période ogivale, ne fut entée sur ce pilier roman que vers 1760 environ; jusque-là il y avait un autel Saint-Vaast, lequel fut converti en ce simulacre de rocher qui soutient le groupe. Quatre personnages le composent, Jésus-Christ, Marie sa mère, saint Jean et saint Etienne. Le donateur en habit de chanoine, sculpté en petite proportion, est à genoux aux pieds du Sauveur; trois dais, fort richement ciselés, couronnent le tout de leurs gracieuses aiguilles.

Troisième travée. Sainte Wilgeforte en croix et couronnée, crucifixion qui paraît appartenir à la statuaire du XVIe siècle. La sainte portait autrefois une longue barbe, elle était richement peinte et dorée; mais on a jugé convenable de la raser et de barbouiller ses beaux vêtemens de badigeon gris.

Seconde travée. On y aperçoit un tableau d'environ 1 mèt. 33 c. de haut sur 2 mèt. de large, qui demande une étude toute spéciale; nous croyons pouvoir affirmer qu'il appartient à cette école du XVIe siècle qui n'avait point encore subi l'influence des artistes italiens, mais qui ne manquait pas toujours de naturel et d'originalité. La hardiesse et l'énergie d'expression la caractérise aussi bien que l'école littéraire contemporaine. Dans l'œuvre qui nous occupe sont peintes successivement plusieurs scènes du chemin de la croix; le ton dominant est cette pieuse compassion qu'inspire la vue des souffances de Jésus-Christ. Aux coins se lisent deux quatrains par lesquels l'artiste poète donne l'explication de son sujet; nous les reproduisons avec l'orthographe du tems.

Dans ce séiour de saincteté,
L'ange conduict l'ame déuote
Par les sentier d'humilité
Qui selle en peut ouurir la porte.

D'un coeur plain de dévotion
Cette belle ame se regrée
Et faict sa méditation
Sur chacune plainte sacrée.

L'âme dévote, figurée par une religieuse bénédictine est conduite par l'ange sur les traces sanglantes de l'homme de douleurs. A chaque station est écrit un quatrain, dont la première moitié renferme une prière adressée à Jésus-Christ par l'âme dévote, et la seconde, la réponse de Jésus-Christ. Les sentiers d'humilité circulent parmi des fleurs et décrivent un double cercle occupé par les différentes stations.

1° Le calice d'amertume est offert au Rédempteur. On lit :

Pourquoi Seigneur vous offrez-vous
Aux rigueur du divin courroux?
Ton péchéz m'en donne l'envie,
Car je te veux sauver la vie.

2° Trahison de Judas.

Mon Sauveur qui vous a soumis
Au povoir de vos ennemis ?
Ce traistre Judas tant il ose.....
Mais tes péchéz en sont la cause.

3° Flagellation.

Qui vous oblige à tant de coups ?
Qui pourrait agir contre vous ?
Aux fouets je m'expose moy-mesme
Ainsi tu vois combien je t'ayme.

4° Ecce homo.

Grand Roy qui vous a couroñé
En vostre chef si mal orné?
Pour abaisser ton fier courage
Je me mis à cet esclavage.

5° La croix chargée sur les épaules du Sauveur.

Qui vous a chargé de ce faix ?
Seroit-ce point pour mes forfaix ?
Souz un tel poix mon cœur souspire.
La croix de tes péchéz est pire.

6° Calvaire.

Mon Jésus je vous vois pendu
Et vostre sang tout respendu.
Je veux mourir de ceste sorte
Pour l'amour grand que je vous porte.

7° Même sujet.

Enfin mon Dieu vous este mort
Pour moy qui vous offence à tort
Pour tout loyer de mes services
Quitte pour mon amour tes vices.

En contemplant ces touchantes scènes, on regrette de ne pas les voir mieux éclairées, et il n'est personne qui ne fasse des vœux pour qu'on exhume de son coin noir ce précieux débris de l'art antique.

Pierres tumulaires.

En errant sur le sol de la basse nef, l'œil rencontre quelques fragmens de pierres sépulcrales dignes de l'attention des archéologues, par les traces d'effigies et les inscriptions altérées qui les ornent encore. En voici le détail.

Pierre sous l'orgue :

Ichi : gist :
Jehan : Sliba : senier : d'Allonne :
prie : pour : lame : de : li : †

1re pierre du bas-côté méridional :

CY GIST HONORABLE HOME
NICOLAS AUX COUSTIAUX MARCHAND BOURGEOIS
DE . . . . . . (Ici la pierre manque; on lit vis-à-vis :) PRIEZ DIEU
POUR LEURS AMES.

2e pierre :

CY GIT
DAMOISELLE KATERINNE DE LONGUEIL
FAME EN SON VIVANT
DE NOBLE HOME ANTOINE FAOUCQ ESCUYER, SEIGNEUR
DE VAULDAMPIERRE; LAQUELLE TRESPASSA
LE XXVe JOR DE MARS 1584.
PRIE DIEU POUR SON AME.

3ᵉ pierre :

CY GISENT
HONORABLE HOME NICOLAS BROCART MARCHANT,
BOURGEOIS DE BEAUVAIS,
LEQUEL DÉCÉDA LE 27 NO^{BRE} 1621
ET
HONORABLE DAME LOLLECHIN VACQUERYE
LAQUELLE DECEDA
LE VINGT^{E} JOUR DE JANVIER
1593.

Cette pierre était garnie d'une bordure historiée dans le goût de la renaissance, dont on voit encore un gracieux fragment.

4ᵉ pierre :

CY GIST HONORABLE HOMME
FRANÇOIST BRIZEU NATIF D'AMIENS,
EN SON VIVANT BOURGEOIS, PAIR, ET MAISTRE
DES FORTERESSES
DE CETTE VILLE DE BEAUVAIS
LEQUEL EST DÉCÉDÉ LE 3^{E} JO^{R} D'AOUST 1604
ET DAME AGNÈS DE KÉNE,
SA FEMME, LAQUELLE EST DÉCÉDÉE
LE 2 MARS 1622.

5ᵉ pierre, sous la seconde travée :

qui : trespassa : l'an : de : grace : m : cc : ccc :
du : mois — de : . . . .

6e pierre :

Cy : gist : fame : Berbete :
fame : jadis : Bernier : Babouin : bourgeois :
de : Biauves :
qui : trespassa : l'an : de : grace : m : ct : ccc :
le : jour : de : la : Magdalaine :
Pries : pour : li : — Amen : +

Fragment d'inscription sous la tribune de l'orgue, à gauche :

Ci : gist : Agnes : . . . . . .
dix : bone : merci : li : fache : amen : +

Sous la même tribune, près du bénitier :

Jehan Pillon,
marchand, bourgeois de Beauvais . . . . .
priez Dieu pour son âme.

La tête de Jean Pillon est ornée d'une collerette à la Henri IV, et entourée d'un ornement dans le goût de la renaissance. On voit au-dessus ses armes parlantes, qui consistent en une main battant le pilon dans un mortier.

Voilà donc les derniers et uniques débris de toutes ces grandes dalles funéraires qui, au dire de la vieillesse, recouvraient jadis le sol entier de l'édifice, mais qui ont disparu depuis que la pensée des morts semble déplacée parmi les vivans. Encore ne devons-nous ces précieuses ruines qu'au recoin obscur et désert où elles sont reléguées, et à l'amas de chaises qui en dérobe une partie aux yeux délicats de la foule.

Le manuscrit du château de Bachivillers nous a conservé quelques épitaphes tirées de l'église et du cimetière de St-Etienne, que je crois utile de relater ici :

« Au 4e pilier à gauche en entrant par la grande » porte de l'église, vis-à-vis la chapelle de sainte » Wilgeforte, sur une pierre d'environ deux pieds de » haut sur un pied et demi de large est l'épitaphe sui- » vante. Le haut de la pierre jusqu'au milieu est oc- » cupé par un écusson couché, ondé de six pièces de... » et d... portant en chef un lion léopardé. L'écu tim- » bré d'un casque dont la visière est abaissée tournée » de gauche à droite. Au-dessous on lit les mots sui- » vans. »

CI GIST ET REPOSE LE CORPS
DE NOBLE HOMME ET SAGE, JEAN DE MURAT,
ESCUYER HOMME D'ARMES
ET GENTILHOMME DU ROI DE NAVARRE,
SEIGNEUR DE MURAT
DE CAUMONT DE ST-ÉTIENNE ET DU CROS
LE TOUT
EN AUVERGNE PRÈS DE LA VILLE DE M.
LEQUEL TRÉPASSA
EN CETTE VILLE DE BEAUVAIS,
LE VENDREDI
DERNIER JOUR DE SEPTEMBRE
1558.
PRIEZ DIEU POUR SON AME.

« Dans le cimetière près la tribune-aux-harangues,
» du côté du mur on voit l'épitaphe d'Angrand ou
» Enguerrand le Prince peintre sur verre et Jean
» Le Pot, sculpteur, sur une pierre en ces termes. »

CY GIST ENGRAND LE PRINCE
EN SON VIVANT VITRIER NATIF DE BEAUVAIS
LEQUEL DECEDA LE JOUR DE PASQUES FLEURIE 1530
ET JEAN LE POT TAILLEUR D'IMAGES, NATIF DE BALLERVA
PRÈS D'ARRAS QUI TRÉPASSAT LE 12^E^ JUILLET 1563.
LESDITS ONT FAIT DANS CETTE ÉGLISE
PLUSIEURS ŒUVRES DE LEUR MÉTIER.
PRIEZ DIEU POUR LES TRÉPASSÉS EN DISANT
PATER NOSTER — AVE MARIA.

Venez à moi mes enfants et amis
Et contenplez l'état où je suis mis
Vous qui passez cheminant par la voie
Je vous requiers que chacun de vous voie
S'il est douleur à la mienne pareille ,
Voyez mon corps teint de couleur vermeille
Comme un raisin rendant liqueur sanglante
Sur le pressoir de la croix exélente
Metant sur moi de vos péchés la somme
Je suis celui dont on dit voici l'homme
L'homme inocent lequel convient mourir
Dut autrement toute la gent périr
Icy languis, icy d'amour je meurs
Pour corriger et pour purger vos mœurs.
Faisant de vous très ville pouriture
Une nouvelle et sainte créature
Donc approchez et pleurez à voix haute

Non pas pour moi, mais pour votre defaulte
Repentez vous et faites pénitence
Et je donnerez pardon à votre offence.

« Au haut de cette épitaphe il y a un crucifix. La » famille de Le Pot subsiste encore à Beauvais dans un » vitrier grande rue Saint-Martin et Robert Le Pot » prêtre et marguillier ecclésiastique de la cathédrale » de cette ville.

» Un peu plus loin que l'épitaphe d'Engrand le » Prince vers le chœur, l'on trouve une croix de bois » avec tous les instrumens de la passion et un tableau » représentant plusieurs capucins à genoux et au-des- » sous leur épitaphe, ce sont des religieux qui sont » morts en servant les pestiférés à Beauvais en..... il » serait à propos de leur dresser un monument plus » durable que le bois; on ne peut trop reconnaître la » générosité de ceux qui sacrifient leur vie pour le » soulagement de leurs frères et de leur prochain. »

« Robert de Francastel maire en 1629 est inhumé » au bas des cloches de St.-Etienne dans le cimetière. » Sa femme Marguerite le Lanternier, morte le 13 juil- » let 1639, repose à Saint-Etienne chapelle Notre- » Dame. Leur escu de gueules au chateau d'or ma- » çonné de sable, et au chef de roses d'or. »

« Pinguet frère d'Arthus, chanoine de Saint- » Pierre en 1582 a son épitaphe devant la chaire à » sermons. Son escu a un chevron brisé d'or, deux » molettes au-dessus et une au-dessous (1).

---

(1) Mémoires pour servir à l'histoire de Beauvais, recueillis par M. Borel.

Orgue. Le buffet d'orgue est un seize-pieds ordinaire renfermant trente-trois jeux que l'on met en vibration par les claviers de positif, de grand chœur, de récit, et de pédales. Les tuyaux proviennent en majeure partie de l'abbaye de St.-Paul, et des églises Saint-Michel et Saint-Sauveur, les anciens jeux (sauf les montres) ayant été volés pendant la révolution, alors que Saint-Etienne servait de grange à foin. On y fit en 1820 d'urgentes réparations qui furent commises aux soins de Dallery, facteur d'orgues; c'est toutefois à l'ingénieuse obligeance de M. Hamel que l'on est redevable des améliorations données à cet instrument. Les flûtes, les prestans et les doublettes sont les jeux les plus estimés; les jeux d'anches ont une mauvaise qualité de son et produisent un assez pauvre effet; la voix de l'instrument se trouve étouffée à sa naissance, ce qui tient au surbaissement des voûtes de la nef comparativement à l'élévation démesurée de celles du chœur.

Chœur.

Vue générale. Qu'on se figure le jubé flamboyant décorer le seuil du sanctuaire, la rosace absidale illuminer le lieu saint de ses rayons étincelans et déployer aux yeux éblouis la richesse de ses panneaux à grands sujets, les hauts vitrages assombrir le jour de leurs nuances multipliées, les arceaux ornés d'armoiries et de figures emblématiques se dessiner en nervures amincies sur le fond azuré de leur ciel, tel était le chœur de St.-Etienne aux jours de sa magnificence; mais une fois dépouillé de tout ce luxe d'ornementation, il dut perdre la splendeur de son aspect. Comme nous le voyons, il est nu. Une grille moderne remplace l'ancien jubé, et enceint le pourtour; deux bancs d'œuvre tiennent lieu des degrés où montaient le sous-diacre et le diacre d'office pour annoncer l'épître et l'évangile au peuple présent. Le tassement des fourrages ayant fait justice de la rosace et des fenêtres de l'hémicycle, il fallut bien en construire d'autres tellement quellement; l'abside reçoit le jour d'un rang de hautes fenêtres dont les vitraux furent brisés d'abord par une trombe qui éclata sur l'église en 1780, puis par les foins qui y fureut rangés pendant la révolution. Les rayons de la rosace sont remplacés par une ignoble étoile en charpente, les meneaux des fenêtres sont grossièrement refaits pour la plupart, et leur élégante nervure prismatique primitive ne se retrouve qu'isolément. Tous les vitraux de couleur ont fait place à des verres blancs, et, mutilées à l'envi par la république et le badigeon, les arcades sont presque confondues dans la teinte uniforme des voûtes.

Stalles.

Dans l'état actuel des choses, ce qui offre le plus d'intérêt est la boiserie sculptée des stalles qui appartiennent à l'époque de cette partie de l'église. Plusieurs reliefs en font l'ornement, non pas toutefois avec cette riche et délicate profusion qu'on admire à St.-Martin-aux-Bois ou dans le chœur de la cathédrale d'Amiens, mais les miséricordes et les bras offrent une curieuse variété de grimaces et de caricatures fort comiques, qui semblent trahir dans les sculpteurs de ce tems-là la manie d'exercer leur esprit satyrique aux dépens des porte-capuchons. Le pourtour extérieur des stalles est décoré de quarante-cinq figures en demi-relief; les unes sont des martyrs, parmi lesquels on reconnaît saint Etienne en dalmatique, saint Laureut avec son gril, saint André avec sa croix, saint Paul avec le glaive qui trancha sa tête de citoyen romain; d'autres tiennent des équerres, des marteaux, des compas, où portent les divers instrumens de la passion. On voit à l'entrée du chœur deux tables de marbre noir formant autels, et soutenues jadis par Luther et Calvin, sculptés en caryatides.

Piliers et voûtes.

Trente-deux piliers de médiocre dimension supportent les voûtes maîtresses et collatérales. Ce ne sont plus des faisceaux de colonnes bien reliées comme dans la nef; de simples nervures les remplacent, et l'art gothique, déjà fatigué, ne taille plus de chapiteaux. Pour les bases, elles sont très-multipliées, prismatiques et à pénétration, caractères de la période ogivale quaternaire.

Les voûtes soutenues par des arceaux croisés très-saillans, et ramifiés à l'infini, sont surchargées de pendentifs, d'écussons, d'emblèmes, d'instrumens de la passion, et d'autres diverses figures à tous les points où s'opère la conjonction des traverses. A toutes les clefs de voûtes on voit encore la peinture primitive des arceaux; le pinceau mal arrêté du badigeonneur semble laisser à regret cette trace de la parure si religieuse des nervures de la voûte.

Dans les bas-côtés et dans les chapelles on admirera des pendentifs d'une grande délicatesse de travail. Mais c'est ici le lieu de visiter les neuf chapelles collatérales du chœur ainsi que les peintures sur bois et sur verre qui les décorent.

EXPLICATION DES PEINTURES

SUR BOIS ET SUR VERRE.

Peintures sur bois.

Les historiens qui parlent de Saint-Etienne vantent la beauté de ses vitraux, mais leur admiration s'y est concentrée toute entière, ils n'ont pas vu, ou ils ont dédaigné les nombreuses sculptures, les rétables, les peintures sur bois qui y fourmillaient. L'auteur du manuscrit de Bachivillers a protesté seul contre cet oubli. Il pense à raison que « les vitres ne sont pas » les seules choses qu'on puisse y admirer ; il y a aussi » des morceaux de sculptures dignes de remarque taillés par Jean Le Pot, né à Ballerva près d'Arras : » les quatre grandes figures de la chapelle Notre-Dame-de-Lorette ; le saint Sébastien qui est au-dessus de l'autel de la chapelle ; le rétable en bois » doré de la chapelle de la sainte Vierge ; le baptême » de saint Jean dans sa chapelle, le rétable et les » quatre grandes figures de saint Pierre et de saint » Paul ; le rétable et les grandes figures de la chapelle » Saint-Eustache ; le rétable de la chapelle Saint-Martin, sous l'orgue ; le rétable de l'autel Saint-Grégoire, au-dessous du jubé, côté de l'épître, représentant ce saint pape, célébrant la messe et au » moment de la consécration ; Jésus-Christ se trouve » dans ses mains au lieu de l'hostie ; au-dessus de cet

» autel au haut dudit jubé, on voit la figure d'un
» martyr en grandeur naturelle entre deux bourreaux,
» que l'on dit représenter saint Thieulin, saint qui
» m'est tout-à-fait inconnu; à l'opposite de cette statue,
» sur le même jubé, l'on voit aussi en grandeur na-
» turelle saint Etienne que l'on lapide. Au-dessous est
» une chapelle ou autel de Saint-Etienne dont la con-
» tretable ou rétable représente le martyre de ce saint,
» fait depuis peu d'années par un paroissien qui n'a
» jamais appris ni dessin, ni sculpture; on m'a dit
» qu'il demeurait rue Saint-Jean, au Grand-Chat au
» coin de la rue du Pont-d'Amour; mais je ne sais pas
» son nom. En face de cet autel contre le pilier de la
» chaire à prêcher il y a un tableau qui représente la
» cène, l'agneau est lardé; preuve de la science du
» peintre (1). »

Si tant de chefs-d'œuvre ont disparu, il ne faut pas en accuser seulement ces vandales qui ont surgi dans les jours de terreur et de spoliation, car, long-tems avant cette malheureuse époque, une révolution plus funeste encore s'était opérée dans les arts. On sait que dès le XVIIe siècle les formes païennes s'étaient introduites dans notre vieille architecture catholique, bientôt on ne vit plus que la ligne grecque et sa glaciale monotonie, son règne fut inflexible comme elle; non-seulement on construisit des temples nouveaux, mais on défigura les églises gothiques. C'était une fureur générale qui atteignit tous les degrés, qui envahit jusqu'aux monastères, qui pénétra jusque dans les asiles

(1) Mémoires pour servir à l'histoire du Beauvoisis. Borel.

de la science. Or je vous le demande, quand Paris, quand Chartres dégradaient leurs cathédrales, le moyen que de simples églises fussent épargnées? Arrivèrent les autels à la Louis XV accablés du pesant fardeau de leurs entablemens, de leurs grossiers chapiteaux corinthiens. Chaque église voulut en avoir, et il s'agissait bien de conserver un rétable gothique (ainsi disait-on dédaigneusement), lorsqu'on pouvait acquérir à vil prix des boiseries bien fraîches, et des placages de marbres bien polis.

Les chanoines de Saint-Vaast ont suivi le torrent. Ils ont sacrifié leurs rétables chrétiens, leurs peintures inspirées, à quelques froids tableaux, à quelques autels de mauvais goût. A leurs yeux, les vieilles boiseries peintes étaient tout au plus propres à lambrisser les murs d'une sacristie, et c'est ce qu'il advint heureusement à celles dont nous allons faire l'examen. Voici à quelle occasion elles furent exhumées.

C'était au mois d'octobre 1841. Un comité archéologique, récemment fondé à Beauvais, jetait, la générosité des citoyens aidant, les premiers fondemens du Musée départemental. Le conseil de fabrique de la cathédrale venait d'exposer ses magnifiques tapisseries antiques, non moins intéressantes pour l'histoire du pays que pour l'histoire de l'art. Un habitant de la rue de la Belle-Image réinaugurait, sur la façade de sa maison, la Vierge du XIIIe siècle à laquelle cette rue doit son nom, lui restituant ainsi sa part d'illustration historique. MM. les fabriciens de l'église Saint-Etienne voulurent aussi prendre part à ce mouvement; ils savaient bien que sans sortir de chez eux ils pourraient trouver à faire plus d'une heureuse réhabilitation. Ils pensèrent qu'en mettant au jour certaines peintures ensevelies dans l'obcurité poudreuse de leur trésorerie, ils rendraient peut-être service à la science, et ajouteraient un nouvel éclat à la splendeur de leur temple; ils pensèrent bien, Dieu merci! Ces peintures, où rayonne l'inspiration évangélique, rentrèrent enfin dans l'église dont on les avait si injustement bannies. Jusque-là, elles étaient depuis longtems cachées à tous les yeux.

Les boiseries où elles s'épanouissent formaient le revêtement intérieur d'une armoire excavée dans la muraille de ce lieu sombre et humide que l'on décore pompeusement du nom de Trésorerie. Mais quelques antiquaires, guidés par le zèle de l'investigation, les avaient découvertes. A ce coloris brillant, ces détails fins comme des miniatures, ces draperies savamment agencées, ces airs de tête si naturels; à tous ces types éminemment religieux, ils reconnurent que de si gracieux produits de notre art du moyen-âge étaient là honteusement déplacés, et que plus noble devait être leur destination première. L'invention, la disposition et l'exécution des sujets traités, qui tous se rapportent à la vie de Jésus-Christ et de la Ste. Vierge, indiquaient d'ailleurs bien clairement un système suivi dans l'ordonnance des tableaux, et faisaient présumer que ces compartimens rectangulaires, maintenus dans de fortes tringles dorées, pouvaient avoir été les volets d'un rétable. Les appréciateurs s'indignèrent donc, et à bon droit, de voir tant de richesses perdues à la fois pour l'art et pour la religion, et déplorèrent la ruine toujours croissante à laquelle les condamnait leur indigne emplacement. De plus, chaque fois que le sacristain enlevait de son armoire quelque lustre, quelque candélabre, il déchirait impitoyablement le manteau d'un apôtre, il égratignait la main de celui-ci, crevait l'œil à celui-là, balafrait un saint au beau milieu du visage, ou le décapitait sans miséricorde. Combien de mutilations de tout genre n'avaient pas souffert les pauvres peintures depuis tantôt deux siècles qu'elles étaient reléguées dans ce coin ténébreux ? Il était donc urgent qu'on les en exhumât, si on tenait à les conserver. A cette fin, des instances furent faites, au nom du comité, auprès des autorités compétentes; elles ne furent pas vaines. Le conseil de fabrique de St.-Etienne fit droit à nos réclamations. Par ses ordres les boiseries peintes furent enlevées au mois d'octobre, et l'opération dirigée avec les soins minutieux qu'elle exigeait. On vit alors que les panneaux étaient ornés sur l'arrière-face de monogrammes du Christ et de la Vierge, et se joignaient par des charnières; preuve évidente qu'ils provenaient d'une de ces riches passions sculptées, éclatantes d'or et de couleur, qui faisaient un des plus splendides ornemens de nos églises gothiques.

La description succincte de ces peintures (si tant est qu'une peinture se puisse jamais décrire), fera mieux apprécier le service rendu à l'art par cette précieuse réhabilitation.

Des cadres simples et nouveaux enchâssent ces vieux ais de chêne qui ornent les chapelles de Notre-Dame-de-Lorette et de Saint-Eustache, et le mur de la sacristie.

S'agit-il de leur assigner un âge, je dirai que le style ogival quaternaire employé dans les ornemens et les édifices ; que le grand luxe de décoration, les arabesques multipliés ; que le dessin des physionomies, les coupes de vêtemens, les poses académiques ; que l'étincelle de foi qui brille dans leur ensemble, caractérisent la première moitié du seizième siècle, époque qui a immédiatement précédé la renaissance du paganisme dans les arts. Elles sont animées par le souffle expirant, mais puissant encore de l'art chrétien. C'est un dernier soupir que nous devons recueillir avec amour.

Si l'on visite les peintures sur bois en allant de gauche à droite, elle se présenteront dans cet ordre :

Chapelle de N. D. de Lorette.

1° *La Pentecôte.* Au centre d'une vaste et magnifique cathédrale, les douze apôtres et la sainte Vierge sont réunis et agenouillés. L'esprit saint, sous forme d'une colombe lumineuse, apparaît dans les airs, et de ce divin foyer partent des rayons de feu et des langues ignées, qui se répandent sur les apôtres. Ceux-ci paraissent déjà remplis de cette force surnaturelle qui a changé le monde, le don de la science ennoblit leurs traits, le génie étincelle dans leurs regards. Pierre, le chef de l'Eglise naissante, dans une attitude contemplative, semble méditer sa fameuse harangue au peuple de Jérusalem : *Viri Judæi, et qui habitatis Jerusalem universi......* act. II ; 14-36. Ce groupe est le point dominant. Quand l'œil s'en détache, il s'arrête aux ornemens d'architecture qui l'encadrent. On reconnaît aisément que le peintre a voulu affecter les caractères architectoniques d'une époque antérieure, par des chapiteaux crossés et l'*opus fiorentinum*; s'il a cru faire du style oriental ou hébraïque, je ne comprends plus ce lourd pendantif associé à l'ogive lancéolée.

2° *Le couronnement de la Vierge.* Voici une incoronazione empreinte de toute la suavité des productions de l'école mystique du Giotto et de Frà Angelico da Fiesole. Sous un dais à dentelles de pierre, resplendissant d'or, d'écarlate et de lapis lazuli, on voit la sainte Trinité, que figurent le père éternel en chappe et en tiare, Jésus-Christ est assis à sa droite et portant la croix, et la colombe symbolique rayonnant au centre. Ce mode de représenter la Trinité ne date guère que de la fin du xve siècle. Marie à genoux, chevelure pendante, se présente pour recevoir sa couronne de reine du ciel. « Quand la peinture chrétienne, dit » M. Rio, représentait le couronnement de la Vierge, » c'était entre le ciel et la terre, dans le vague indéfini » de l'empyrée, que se passait cette scène toute mys- » tique, de laquelle tous les objets terrestres devaient » être naturellement écartés (1). »

3° *L'Ascension.* Du milieu des apôtres assemblés, Jésus-Christ s'élève majestueusement dans la gloire, sans gêne, sans efforts, et non pas avec toutes ces contorsions de bras et de jambes que les peintres modernes ne manquent jamais de faire exécuter à leurs

(1) Rio. De la Poésie chrétienne dans son principe, dans sa matière et dans ses formes.

Christs ressuscitant ou montant dans les airs. Il est calme et digne, et bénit encore la terre du haut du ciel. Un divin enthousiasme transporte la Vierge et les apôtres. Ce groupe est ravissant.

4° *La Mort de la Vierge*. Ce sujet est un de ceux pour l'intelligence desquels il faut nécessairement consulter les pieuses légendes du moyen-âge; récits qui, bien qu'apocryphes pour la plupart, n'en sont pas moins remplis de charmes, palpitant d'intérêt, et qui devaient être exploités par les arts à une époque amie du merveilleux. Selon l'auteur anonyme de la vie des trois Maries, et le dominicain Jacques de Voragine, auteur de la légende Dorée, les apôtres auraient été miraculeusement convoqués au trépassement de Marie. De toutes les parties du monde où pour lors ils étaient dispersés, ils revinrent : Pierre de Rome; Paul, de Galatée; André, de Pathmos; Barthélemy, de Judée; Mathieu, d'Ethiopie; Thomas, des Indes; Philippe, de la Haute-Asie; Marc, d'Aquilée; Luc de Syrie; Mathias, d'Ethiopie; Jean d'Ephèse, et se trouvèrent réunis en même tems dans la chambre de Notre-Dame. Jacques-le-Mineur, évêque de Jérusalem, y vint quand il sut que les apôtres y étaient arrivés, et s'ébahirent quand ils se virent les uns les autres. Incontinent ils se mirent à genoux, en saluant humblement leur reine; alors la glorieuse Vierge les regarda, et quand elle les eut reconnus, elle se réjouit, les salua en riant, leur annonça sa mort très-proche, et les exhorta avec des paroles douces et aimables. A leur tour, les apôtres la prièrent d'être leur avocate au ciel et le soutien de leur labeur. « Adonc chacun se mit à

» préparer le cas et furent apporter les cierges de » cire, et étoient tous de cire vierge; la lumière lui » étoit bien dûë, car elle étoit trésor de virginité, » ils allumèrent lesdits cierges, et la Vierge les pria » qu'ils ne les éteignissent point qu'après son trépas, » ce n'est pas merveille si elle demandoit la lumière, » car l'état de virginité demande la lumière, et aussi » ceux qui aiment l'ordure haisse la clarté.... Quand » la Vierge eut vêtu sa robe noire, elle dit très douce- » ment : Adieu soyez mes bons amis, je m'en vais à » Dieu mon père, puis elle alla dessus son lit, et se » coucha, et mit la tête dessus le chevet, puis elle jetta » les yeux en haut et joignit les mains, et dit : vrai » Dieu qui fit le firmament, je vous recommande mon » esprit; recevez-moi en votre grâce, jamais ne fistes » chose qui fut contraire à nul. Adonc la dame inclina » son chef et croisa les bras sur sa poitrine, les apô- » tres étoient autour de son lit, la vierge Marie les » regarda sans rien dire, et ferma les yeux et la » bouche, il sembloit à tous qu'elle sommeillât, et » croyoient tous qu'elle eût rendu l'esprit. Les apô- » tres louèrent Dieu, et saint Pierre dit : Réjouis-toi » glorieuse Vierge, reine des cieux, par toi nous est » manifestée la joie de paradis, Dieu soit loué, car à » sa dextre il te mettra aujourd'hui (1). »

Telle est la scène à la fois triste et consolante qui s'offre à nos regards. Marie est sur son lit de mort, Pierre et Jean lui aident à soutenir un cierge, et récitent des prières avec les assistans qui portent le livre, l'encensoir, le goupillon.... etc. L'un d'eux embrasse les pieds

(1) Vie des trois Maries.

de la Vierge; un autre, peut-être saint Luc, médite sur un manuscrit déroulé. Cette figure grave et recueillie qui paraît à gauche, peint sans doute une de ces douces sœurs de la Vierge qui étaient si dolentes au moment de sa mort. On remarquera, dans l'embrasure de la fenêtre ogivale, la statue du Rédempteur tenant en main l'arbre de salut. En effet, quel autre sujet eût pu traiter un sculpteur, si la statuaire chrétienne eût alors existé?

Mur de la Sacristie.

5° *Légende du seigneur qui vend sa femme au diable.* Singulier pacte que celui-là ! Un seigneur du moyen-âge, las de sa compagne, veut la livrer à satan. Vous le voyez au loin évoquant les esprits infernaux à l'entrée d'une sombre forêt; sur le premier plan il chevauche sur son blanc destrier, menant en croupe.... qui?... sa femme?... du moins il le croit. Mais voici que pendant le trajet la malheureuse appelle à son secours la consolatrice des affligés; alors la douce mère de Dieu vient la délivrer et monte à sa place. Au moment de consommer l'acte de son iniquité, l'impie chevalier reconnaît la Vierge, son esprit se trouble, son cœur s'ébranle, il pleure sa faute : aussi l'a-t-on représenté faisant un *meâ culpâ* des plus profonds.

Ce tableau étant double, tourne sur pivots; on voit sur l'autre face :

6° *La Circoncision.* Peinture affreusement mutilée. Sous une voûte semée d'arabesques, le pontife suprême entouré de ses prêtres reçoit Jésus des mains de Marie, laquelle est vêtue magnifiquement.

Chapelle Sainte-Eustache.

7° *Rencontre de Joachim et d'Anne à la porte de Jérusalem.* Nés du sang royal de David, Anne et Joachim vivaient dans une sainte union, marchant dans la voie des préceptes divins, nourrissant les pauvres, donnant l'exemple de toutes les vertus : mais ils portaient avec douleur l'opprobre de leur stérilité. Joachim, à l'insu de sa parenté, se retira sur la montagne parmi les pasteurs, pour vaquer plus librement aux exercices de la prière. Là, il eut une vision. Il lui fut dit que ses prières étaient exaucées, que ses aumônes étaient montées en présence du Très-Haut, et que de lui naîtrait une fille qui aurait nom Marie. Joachim retourne donc vers Jérusalem, et comme il y entrait par la porte dorée, Anne vint toute joyeuse à sa rencontre, car elle avait eu la même vision. Sur le plan éloigné de ce tableau est peinte la vision de Joachim; la porte dorée et la ville sont figurées par des édifices gothiques dont le caractère mérite d'être observé. Les galeries, les balustres, les faîtages de plomb, les façades colorées, les tournelles, font imaginer l'aspect intérieur d'une ville au XVe siècle.

8° *La dernière Cène.* Jésus et les douze, enfermés dans le cénacle, sont assis à la mense eucharistique. Le sacrement d'amour est institué, la nouvelle pâque distribuée, un pieux recueillement règne parmi ces divins convives. Mais pourquoi cette inquiétude, mêlée d'indignation, paraît-elle sur leurs figures? Pourquoi toutes les amertumes de la croix semblent-elles répandues sur la face du Christ? c'est que le traître vient de se trahir lui-même; quelques-uns le montrent du doigt avec indignation : aussi tous les apôtres sont-ils nimbés, à l'exception du perfide Judas. Derrière Jésus-Christ est un vitrail représentant Moïse avec les tables de la loi. Ingénieuse idée que d'avoir mis le Législateur de la religion ancienne en présence du Législateur de la religion nouvelle.

9° *Immaculée Conception.* Toute la naïveté de nos aïeux se révèle dans la disposition de ce sujet purement allégorique, et tout-à-fait exclu du domaine de la peinture moderne. A Marie, placée dans le sein maternel, et en même tems rendue visible, s'adressent les hommages des personnages suivans, ainsi disposés : le père éternel en mitre dans les cieux; David couronné, tenant en main la harpe des saints cantiques, à genoux avec Joachim devant Marie; Anne enfin, la foi peinte sur la figure, adorant les conseils de l'éternelle sagesse. Tous sont nimbés, et de la bouche de chacun d'eux se déroule un philactère portant une des paroles prophétiques relatives à Marie, et que chacun est censé lui apliquer dans cet ordre : Dieu. *Tota pulchra es amica mea et macula non est in te*, cant. 4; 7. David. *Quæretur peccatum illius et non invenietur*, ps. 10; 15. Joachim. *Progreditur quasi aurora consurgens*, cant. 6; 9. Anne. *Fructus mei honoris et honestatis*, Eccli. 24; 23. Marie, dans le sein maternel. *Qui elucidant, vitam æternam habebunt*, Eccli, 24; 31.

Toute cette scène mystique a pour théâtre la plate-forme d'une tour. *Turris Davidica.*

10° *Le Christ au mont des Oliviers.* Abimé dans sa sueur de sang et d'eau, Jésus accepte toutes les douleurs de la passion qui lui sont rappelées par la croix qu'un ange lui présente. Il est vêtu de violet, couleur de pénitence. Les trois apôtres placés un peu plus bas, dorment leur sommeil de faiblesse. Ce ravin caillouteux et desséché qui passe à leurs pieds n'est autre que le torrent de Cédron. Plus loin est la vallée de Jérusalem; cette ville paraît à l'horizon; le temple qui la domine est figuré par une cathédrale aux sublimes élancemens, où l'on reconnaîtra si l'on veut Saint-Pierre de Beauvais.

Telles sont les curieuses peintures sur bois, dont nous n'avons pu tracer qu'une rapide esquisse, elles nous ont toujours paru dignes des études les plus approfondies; aussi avons-nous proclamé hautement notre reconnaissance envers ceux qui, en les restituant aux arts, ont, après tout, réparé une faute qui n'était pas la leur. Il est encore dans l'église Saint-Etienne d'autres peintures sur bois que nous n'avons pas indiquées, elles sont entièrement dépourvues d'intérêt.

Peintures sur verre.

Chapelle St-Eustache (1).

La statue de la sainte Vierge qui domine l'autel est en pierre, et appartient à la statuaire du XVe siècle; elle était autrefois placée dans la chapelle absidale.

(1) La description particulière de chaque chapelle accompagne celle des vitraux.

La voûte, surchargée de pendentifs, mérite quelqu'étude.

Le vitrail (exceptés les quatre panneaux inférieurs), représente plusieurs tableaux de la vie de S. Eustache.

1er *panneau.* Jésus-Christ stigmatisé, couronné d'épines, tenant la croix d'une main, de l'autre montrant un calice surmonté de l'hostie, fait aux personnages tournés vers lui cette puissante et douce invitation : *Qui manducat meam carnem, in me manet, et ego in eo.*

2e *panneau.* S. Jean-Baptiste, portant son agneau et une oriflamme, semble présenter au Sauveur Jehan de Malinguehen. Ce dernier personnage et les deux suivans, rangés sous le patronage d'un héros du ciel, sont agenouillés devant Jésus-Christ; manière piquante de faire participer les donateurs à l'action principale. Légende : *Jehan de Malinguehen naguère maire a donné cette partie de verrière et se recommande à vos bonnes prières.* Jehan de Malinguehen, donateur pour un sixième de cette verrière, fut élu maire de Beauvais en 1550. Il demeurait à l'hôtel de l'Etamine, qui est la pénultième maison près le cimetière à bornes de Saint-Etienne. Le 15 décembre 1553, il fit donation à Hiérosme de Malinguehen son fils, écolier étudiant en l'Université de Paris, de plusieurs pièces de terre à Thibivillers, en faveur de l'étude dudit écolier (1). La famille de Malinguehen a de plus

(1) Simon. Supplément à l'Histoire du Beauvoisis.

anciens souvenirs encore, car elle remonte au XIIe siècle, et Beauvais s'honore de la voir toujours existante.

3e *panneau.* Sainte Marguerite, armée d'une croix, foule aux pieds le dragon infernal. La donatrice. *Nul n'est travail de loing venir aux biens pour succéder vous voyez, et si cognaissez qu'il n'y a faute d'héritiers.* De cette légende inexplicable, on peut croire que la donatrice, à défaut d'héritiers, voulait donner tous ses biens à l'église.

4e *panneau.* Saint Jean l'évangéliste. Deux donatrices. *Faict ce que tu voudras avoir faict quand tu mourras. L'an mil cinq cent cinquante trois.*

5e *et* 6e *panneaux.* Conversion de saint Eustache. Ecoutons le récit de la légende dorée. « Eustache qui
» fut dit Placide estoit maistre de la chevalerie de Tra-
» jan empereur de Rome, et estoit très continuant les
» œuvres de miséricorde, mais toutes fois, il estoit
» habandonné aux ydoles adorer : et il avoit femme de
» icelle même manière, de laquelle il eut deux fils. Et
» pour ce qu'il estoit ententif ès-œuvres de miséri-
» corde, il desservit être esclarci a voye de vérité. Si
» comme ung iourg qu'il estoit allé vener, il trouva
» une assemblée de cerfs entre lesquels il en vit ung
» plus bel et y greigneur des autres. Placide s'efforça
» de prendre le grand cerf, et si comme le cerf vit que
» il le suyvoit detout son pouvoir si se myt dessus une
» haulte roche. Lors Placide si espioit comment il
» pourroit être prins : Et si comme il le regardoit très

» diligamment, il vit entre les cornes d'icelluy cerf la » forme de la croix resplendissante plus que le soleil, » et l'ymage de Jésus-Christ qui par la bouche du » cerf ainsi comme jadis par la bouche de l'ane à Ba- » laam parla à lui disant : ô Placide pourquoi me » poursuis-tu?... Quand Placide ouyt ce, il eut très » grand paour et descendit de cheval pour se pros- » terner. »

C'est le fait ici dépeint; piqueurs, chevaux, meutes, tout demeure en stupéfaction. Perçant le feuillage, le disque argenté de la lune anime ce tableau de sa douce lumière; vitrail magique, assurément bien digne de porter la signature du célèbre Angrand le Prince. On la reconnaît dans ce monogramme :

On lit : *Comment sainct Eustace fut cõverti à la foy de Jésus-Crist.* 1554. — *Eustace marchant et bourgõis de Beauvais a dõné ceste verrière peschés.*
/ 1554 / *pour ses*

7ᵉ *panneau.* Ce prodige changea soudain le cœur de » Placide; et lors, poursuit la légende, Placide, sa » femme et ses deux fils allèrent à l'évesque de Romme » qui les baptisa à grant ioye, et appela Placide Eusta- » che; sa femme Théospite, et ses fils Agapet et Théos- » pit. Et pou de tems après, une pestilence mortelle as- » saillit ses serviteurs et ses chamberières et les occit » tous : ses chevaux et ses bêtes moururent soudaine- » ment : et puis aucuns qui avaient été ses compagnons

» entrèrent par nuit en sa maison, et ravirent et em-
» portèrent or et argent et le dépouillèrent de toutes
» autres choses. »

Ce dernier trait est le seul dont le peintre se soit emparé, mais pour rendre le tableau plus dramatique, il y ajouta la foudre qui, déchirant les nues, incendie la villa du légionnaire.

8e *panneau.* Fuite d'Eustache. « Lui, sa femme et
» ses enfans rendirent grâces à Dieu, et s'enfuirent
» par nuit tous nuds des biens. » On lit :

Soudain il en partit au plus hault des montaignes,
Or il erroit aux boys loing des gens et du bruyct,
Ores dedans les prés et parmi les campaignes,
De sa femme et enfans seulement estant suyct.

9e *panneau.* Ces pieux affligés se vouent à Dieu sans partage.

Après ses biens brulez et toute sa finance,
Sainct Eustace rendit ses lieux les plus secrets
En suivant le bon Job l'honneur de patience
Graces en rẽ à Dieu sans soupirs et regrets.

10e *panneau.* Donateurs à genoux. *Mahiot Brocard a donné cette vitre lequel trespassa le* 5e *jour d'avril* 1552. *Priez Dieu pour luy.*

Dans les compartimens supérieurs sont traités, sans ordre ni suite, d'autres sujets tirés de la vie du même saint; son baptême par immersion; sa rencontre imprévue, après une longue séparation, avec sa femme et ses enfans; l'enlèvement de ses deux fils par le loup et le lion; son martyre, on lui applique des briques rouge sur le corps, puis on l'incarcère lui et sa famille dans un taureau de cuivre ardent; finalement sa sépulture faite avec d'insignes honneurs par les pieux habitans des catacombes.

Chapelle St-Pierre.

On n'y voit d'autre ornement remarquable que la verrière. Celle-ci se divise en quatre tableaux.

1° *Vocation de saint Pierre et de saint André.* Jésus se promenant au bord de la mer de Galilée, aperçut Simon qui fut appelé Pierre, et André son frère, jetant leurs filets à la mer, car ils étaient pêcheurs, et il leur dit : Venez à ma suite et je vous ferai pêcheurs d'hommes.

On lit : *Jésus voyant les deux frères germains..... car et grands biens je vous octroye....*

2° *Vision de saint Pierre.* Cet apôtre, monté sur le haut de la maison de Simon, située près de la mer, entre dans un ravissement d'esprit, il voit le ciel ouvert, et comme une grande nappe suspendue par les quatre coins, qui descend du ciel en terre portant toutes sortes de quadrupèdes, de reptiles et d'oiseaux.

Dans le lointain accourt Simon le Centurion.

3° *Crucifixion de saint Pierre.* Ce martyre est dépeint dans tous ses détails de barbarie. Un ange, témoin et consolateur des souffrances du saint apôtre, tient ouvert un livre d'heures que l'artiste a rendu avec une inconcevable fidélité. De l'inscription il ne reste que la date : 1548.

4° *Conversion de saint Paul.* Après sa chute, Saul reste embarrassé sous le corps de son cheval. On lit :

Sainct Paul tombé à terre à la renverse
Oyant la voix véhémente crier :
Saulle Saulle par trob me controverse.
Les yeux en hault se print à s'escrier :
Hélas mon Dieu de moy q̄ veux tu faire
Cōtent je suis de mon mal satisfaire.

La voûte est ornée d'un pendentif assez délicat. Le baptême de Jésus-Christ est l'unique fragment qui subsiste de l'ancien vitrail.

Chapelle S-Jean-Baptiste.

Dans le large contour qui forme l'angle des collatéraux on voyait autrefois deux autels : l'un de sainte Catherine, placé sous le vitrage où était représentée la sainte discourant au milieu de docteurs, l'autre de saint Nicolas sous les deux fenêtres qui offrent divers traits de sa vie.

Autels Ste-Catherine et St-Nicolas.

Autel sainte Catherine. Au milieu de la vitre, fontaine de la Déité souveraine. Cette allégorie mystique n'est plus compréhensible, son inscription légendaire étant fort altérée. De la fontaine jaillit en abondance le sang divin que les chrétiens recueillent en breuvage mystérieux. Plusieurs philactères qui se déroulent autour des colonnettes présentent ces mots :

Venez, descendons en la fontaine
De la Déité souveraine
Et recueillons le sang oté
De ses deux mains pieds et costé.

A droite et à gauche sont deux fragmens rapportés.

En haut : un baptême par immersion. — Le martyre de saint Etienne. — Les deux disciples d'Emmaüs.

Autel saint Nicolas. Saint Nicolas, ce thaumaturge des premiers siècles de l'Eglise, est le héros favori des vieilles légendes. Sa vie qui abonde en traits merveilleux fut une mine féconde où les artistes du moyen-âge cherchèrent des tableaux, puisèrent des inspirations.

S. Nicolas naquit de parens riches et vertueux; sa haute sainteté, révélée dès la mamelle, ne se démentit point. Devenu orphelin, il n'employa son opulence qu'au soulagement des pauvres, et à l'accroissement du christianisme. Mais bientôt sa piété éminente, dont la renommée s'étendait de jour en jour, lui mérita la possession du siége épiscopal de Myre, ville métropole de la Lycie dans l'Asie-Mineure, où ses vertus ne brillèrent qu'avec plus d'éclat. Le don des miracles qu'il avait reçu du ciel commença dès-lors à se manifester.

Ce vitrail représente à gauche son miracle de la multiplication des grains. Une disette calamiteuse affligeait la Lycie, Nicolas apprend que des vaisseaux chargés de froment mouillent dans l'un des ports; il y va, et demande aux matelots cent mesures de froment pour calmer la souffrance de son peuple. Nous n'aurions garde, répondent ceux-ci, puisque nous transportons ces denrées à Alexandrie. Faites ce que je vous dis, reprend le saint, je vous promets que par la vertu de Dieu vous n'aurez aucune diminution dans vos grains. Les mariniers obéissent. La scène se passe dans le lointain, au rivage d'une mer moutonneuse. Sur le devant, Nicolas, cerné de la foule, préside à la distribution des grains. Arrivés à Alexandrie les mariniers fournirent aux greniers publics la quantité de froment convenue, et en Lycie les cent mesures suffirent non seulement à nourrir le peuple pendant deux ans, mais encore à ensemencer les terres.

LÉGENDE.

Ung temps jadis le pays de Lycie
Feust oppressé de famine mortelle
Le noble sainct qui des siens se soulcie
Considérant avant. . . . . telle.

Pour son pays mariniers interpelle
Cent muys de grains partys faict augmenter
Et par deux ans le dur. . . . .
Ce faict . . . . ramenter.

On voit à droite le miracle si populaire des trois enfans sauvés du martyre. L'évêque de Myre, en habits pontificaux (personnage le plus apparent de la verrière), accourt vers trois enfans jetés dans un baquet et voués au sort fatal de malheureuses victimes que l'on voit plus loin massacrées et morcelées par un couple infâme.

LÉGENDE.

Trois clercs confians envers Dieu
Le faulx tyran Constantin condamna
Lui hacher et briser par son ire
. . . .

Espoir en Dieu. . . . .
Les innocens et saulva de martyre
Eureux dont est de Dieu qui
. . . .

Fenêtre du Jugement dernier. Dans une attitude à la fois majestueuse et terrible, le juge formidable des vivans et des morts, Jésus-Christ, aparaît environné de lumière dans une grande puissance et majesté, *cum potestate magnâ et majestate*; le glaive de justice et le rameau d'olivier rayonnant autour de sa tête ; le monde est à ses pieds, sa droite bénit, sa gauche maudit.

Deux anges sonnent la trompette du réveil, Marie et Jean plaident devant le souverain juge la cause de l'humanité, saint Pierre avec une clef d'or semble être préposé à la garde du paradis. Au-dessous s'exécute le redoutable pésement des âmes, image qui symbolise l'intégrité des jugemens divins ; dans les plateaux de l'inexorable balance, l'ange tient en suspend un malheureux couple que la fatale épreuve va séparer ; le mari trop lourd du poids de son iniquité est repoussé vers l'abîme figuré par une gueule de dragon, tandis que la femme prédestinée essaie de le retenir par le pied pour l'emmener au séjour des bienheureux.... Vains efforts ! laissez passer la justice de Dieu !

Les détails inférieurs ont été brisés récemment.

La partie supérieure, divisée en compartimens irréguliers représente le ciel, à la voûte éthérée resplendissent les deux flambeaux du firmament ; au centre, plane la sainte Trinité, et tous les ordres de la hiérarchie céleste, diversement groupés, lui adressent des hommages et des adorations.

Chapelle absidale, dite de Notre-Dame-du-Mont-Carmel (1).

Cette chapelle, ornée dans le goût moderne, n'a de remarquable que ses vitraux. Au centre, la verrière en parti masquée par une lourde boiserie, représente une *Mater dolorosa*. La sainte Vierge, adossée à la

(1) La confrérie du Scapulaire ou de Notre-Dame-du-Mont-Carmel, fut érigée à St-Etienne le 16 juillet 1732, par M. Talon, curé de cette paroisse, avec approbation du cardinal de Gèvres, évêque-comte de Beauvais, et confirmée par une bulle de Clément XII. A la fête du Mont-Carmel, qui se célèbre encore le dimanche après le 16

croix, regarde avec compassion le corps de son divin fils étendu mort à ses pieds, et soutenu dans le linceul par un apôtre et une sainte femme. Madeleine et le disciple bien-aimé se tiennent près de Marie. On admire l'expression de ces figures.

1re *fenêtre, à droite, contre l'autel.* Jésus-Christ en croix; Marie et Jean près de lui; Madeleine pénitente embrassant la croix et les pieds du Sauveur.

Jésus-Christ ressuscitant du milieu de ses gardes endormis.

2e *fenêtre.* La Visitation, sujet traité avec charme; le vénérable Zacharie agenouillé, les mains jointes, adore les conseils de la providence.

1re *fenêtre, à gauche.* Martyre de saint Etienne; deux furibonds lapident avec rage le saint, qui, dans une contenance calme et résignée, adresse à Dieu cette prière sublime : *Domine Jesu, suscipe spiritum meum! Domine! ne statuas illis hoc pecccatum!* sur l'orfroi de sa tunique est écrit : SANCTE STEPHANE.—Près de ce martyre, une Madeleine somptueusement parée tient un vase de parfums.

2e *fenêtre.* Mort de la Ste. Vierge. Une foule pieuse l'environne avec attendrissement; le ciel est ouvert sur sa tête; le père éternel l'attend dans la gloire.

---

juillet pour favoriser la réunion des associés, il y a messe solennelle, prédication, salut du T. S. Sacrement, et le lendemain grand service pour le repos de l'âme des fidèles morts dans l'association. Cette solennité attire constamment un immense concours des fidèles, dont la foule pressée sous les religieux arceaux de St-Etienne, offre un spectacle digne des plus beaux jours du moyen-âge.

Le sujet qui termine cette intéressante galerie, est tiré d'une vieille légende française, la *Vie des trois Maries,* au chapitre intitulé : *Cōme Jésus avec sa mère et Joseph allèrent en Egypte pour la peur d'Hérodes qui fit occire les innocens.* « Or, Jésus, Marie et Joseph » cheminoient par le désert avec une grande quantité » de griffons, dragons, lions, ours, loups et autres » diverses bêtes sauvages qui leur faisoient honneur, » marchant devant eux en leur montrant le chemin. » Un jour après midi, Notre-Dame et Joseph étant » bien las, se reposèrent dessous l'ombre d'un palme » qui porte des dattes; lors Notre-Dame regarda le pal- » mier qui étoit fort chargé de dattes, et dit à Joseph » qu'elle en mangeroit volontiers. Il lui repondit : je » suis bien ébahi pourquoi vous me demandez de ce » fruit quand vous voyez qu'il est haut, et que je ne » puis en avoir, car tel arbre a cent ans avant qu'il » porte fruit. J'ai désir d'avoir de l'eau dit Joseph, car » il y a trois jours que nos bêtes n'ont bû. Alors le pe- » tit Jésus dit à l'arbre : baisse tes rameaux, afin que » ma mère et sa compagnie mangent de ton fruit; et » aussitôt l'arbre se baissa et inclina jusqu'aux pieds » de la vierge, tant qu'elle et Joseph prirent du fruit » à leur volonté. Puis Jésus dit à l'arbre qu'il se re- » dressat et qu'il étoit bienheureux, et que de sa racine » sortît une fontaine, afin qu'il fut honoré par dessus » tous les arbres du désert; incontinent après, l'arbre » se redressa et de la racine sortit une fontaine de la- » quelle la Vierge, Joseph, et les bêtes burent (1).

(1) La Vie des trois Maries, p, 63, 64.

Ce récit est la description du tableau sur verre qui est sous les yeux du visiteur.

Tous les sujets représentés dans cette chapelle, sauf le martyre de saint Etienne, se lient aux profonds sentimens de douleur et de joie qui ont comblé l'existence de Marie sur la terre, et présentent quelques tableaux de ce drame merveilleux qui s'ouvre à la crêche et a pour dénouement une croix.

Les donateurs ont eu soin de se faire représenter en famille sous les belles peintures dues à leur munificence.

Elle occupait cette place vide qui fait l'angle correspondant à l'autel saint Nicolas. Chapelle St-Claude.

1re *fenêtre*. Arbre de Jessé. *Egredietur virga de radix Jesse*. Ce mot d'Isaïe fournit à l'imagination du moyen-âge un des thèmes les plus féconds de l'art chrétien. Soit que les fastes de cette divine génération inspirent merveilleusement la poésie catholique, soit que ce tableau se prête aux fantaisies du statuaire ou du peintre, l'arbre de Jessé est un sujet de prédilection aux siècles de foi. Partout on le retrouve, dans les vitraux, au tympan des portails, sur les miniatures, contre les rétables, en fresques, et toujours traité avec originalité et nouvel intérêt. L'arbre de Saint-Etienne est admirable de coloris et d'exécution. La souche enracinée dans la poitrine du patriarche Jessé qui dort paisiblement son sommeil de juste, étend ses rameaux et les déploie en trident. Les personnages qui composent la généalogie divine, ressortent vivement sur un fond lapis lazzuli; représentés en buste, ils semblent sortir chacun d'une branche aux feuillages évasés, et chargés de fruits et de fleurs. De ces quatorze personnages, quatre seulement appartiennent à la tige choisie de Dieu, Jessé, David, Salomon, Marie; les dix autres sont des rois de France parmi lesquels on reconnaît saint Louis, Louis XII et François Ier..., flatteries déplorables, trop communes en ce tems de servilité; symptôme infaillible de la décadence des arts. Tous les costumes sont d'une magnificence sans égale, toutes les têtes empreintes d'un beau caractère. Le lis sur lequel est placée la sainte Vierge, contraste par son éclatante blancheur avec le luxe effréné du roi Salomon. Ne dirait-on pas que l'artiste a voulu rappeler que Salomon dans toute sa gloire n'était pas même vêtu comme le lis des champs?

2e *fenêtre.* Saint Jean tenant un calice. Saint Pierre chargé de sa croix. Riches de costume, ces deux personnages se détachent vigoureusement sur un fond de verdure bien nuancé. Sans doute une famille nombreuse offrit cette verrière. Deux groupes de donateurs, formés, l'un du père respectable et de ses fils en grand nombre, l'autre de la mère en habits religieux, suivie de toutes ses filles, semblent invoquer le patronage des apôtres.

3e *fenêtre.* Légende de saint Claude. Issu d'une famille illustre, saint Claude était à l'âge de 20 ans membre du chapitre de Besançon; son goût pour la science théologique et les saintes écritures, ses progrès dans la vie spirituelle le placèrent bientôt parmi les prêtres les plus éminens en savoir et en sainteté de toute la Bourgogne. Après avoir possédé 10 ans son canonicat, il fut désigné miraculeusement par la voix du ciel pour succéder à l'archevêque de Besançon qui venait de mourir; et malgré ses répugnances, force lui fut de céder aux vives sollicitations du peuple; on le consacra donc en 626. Toutefois une humilité si profonde ne s'accommodait pas de ces grandeurs; entraîné par un attrait irrésistible vers la retraite, il se démit des hautes fonctions archiépiscopales qu'il avait remplies pendant 7 ans, pour aller revêtir l'habit obscur de simple religieux au monastère de Saint-Eugent ou Ogent sur le Jura, limitrophe du diocèse de Besançon. Il va sans dire qu'il y devint par sa ferveur un objet d'édification pour tous les religieux. Mais comme si les promesses faites aux humbles devaient à la lettre s'accomplir en lui, plus il cherchait l'abaissement, plus aussi les honneurs venaient l'assaillir, et il avait à peine passé 5 ans au monastère, que les moines le choisirent unanimement pour les gouverner en place de leur abbé.

A ce trait seulement commence le vitrail, et c'est ce que représentent les panneaux supérieurs des 1er et 2e compartimens. Saint Claude, en habits pontificaux, semble sortir d'un oratoire; deux religieux, vêtus de coules noires, le conjurent d'accepter la charge d'abbé; mais lui, convaincu de son indignité, se refuse à leur vœu; deux autres religieux attendent près d'une porte de l'abbaye l'issue de la négociation de leurs députés. Une église, sans doute celle du monastère, termine ce tableau. Au bas est écrit :

Cõme sainct Claude en sainctelé fulgent
(Cinq) ans après qu'hermite se voult rendre
Fut postulé abbé de sainct Eugent
Comme cellui on n'avoit que reprendre

Et l'allèrent en l'hermitage prendre
Pour leur prélat les moyens dudit lieu.
Religieux veulent cecy comprendre
Eureux sont ceux qui ont bñ père en Dieu.

Le sujet peint sur les deux panneaux suivans est la mort de saint Claude. Ce saint abbé est exposé sur le lit de parade en habits de chœur avec une chappe rouge. Plusieurs religieux, vêtus de blanc et de noir, entourent ses vénérables dépouilles; l'un d'eux écrit, d'autres récitent des prières, jettent de l'eau bénite, encensent, portent les insignes épiscopaux, et procèdent aux premières cérémonies funèbres.

On lit :

Cōme sainct Claude fut dud. monastère
Le père abbé par soixante cinq ans
Lequel après que vie très austère
Eut demené tout le cours de son temps
Le benoist sainct aagé d'ung et cent ans
L'ame rendit et aux saincts cieux ravie.
(Notez) chacun tant petits cōme grans.
La bonne fin ensuit la bonne vie.

La partie supérieure de la fenêtre, divisée en nombreux compartimens par des meneaux contournés, représente le saint archevêque de Besançon en habits pontificaux, tenant de la main gauche sa double croix archiépiscopale et de la main droite donnant sa bénédiction. Deux pélerins, les mains jointes, le bourdon sur l'épaule, sont prosternés aux marches de son trône; dans le lointain on voit les fidèles accourir à ce pélerinage du Jura, si célèbre au moyen-âge, où le corps de saint Claude, conservé intact, opérait tant de prodiges, et que le peintre aura voulu rappeler ici.

On voit dans les bas panneaux de la fenêtre les deux grands miracles de ce saint. Une femme, nommée Poncia, caressait son enfant; pendant cette effusion de tendresse maternelle, Satan lui apparaît : « Si tu m'immoles ce fils chéri, lui dit-il, les trésors de la terre sont à toi. » Séduite par cette promesse menteuse, la misérable mère passe des témoignages de l'amour aux plus violens transports de rage, et égorge ce fils qu'elle couvrait de baisers. Le démon, à son tour, loin de réaliser ses belles paroles, veut étrangler la femme.—C'est l'action que l'on voit ici. Un hideux diable vert, à tête de vache, embrasse l'infanticide d'une horrible étreinte. A ses clameurs le mari accourt tout éploré, le démon s'échappe; mais Poncia est muette et perclue des deux bras; Jean se confie en Dieu, mène sa femme au tombeau de saint Claude, et après beaucoup de prières et de larmes obtient pardon pour le crime et guérison pour les maux de sa femme.

> Comme une femme par fureur de courage
> Son propre enfant occist et mist (à mort)
> Dont le diable en vengeant cest outrage
> Lors étrangla la femme et mil......
> Quand le mari entre vyt cest (effort)
> Pour son refuge s'en vint à ....
> Recouvra vie qui fut grand recon(fort)
> Pour qui Dieu aide le diable ne......

On voit sur le panneau suivant une partie du miracle des noyés qui recouvrent la vie par l'intercession de saint Claude. Ces deux enfans sont entraînés par le courant; la mère se lamente et s'arrache les cheveux, le père veut les sauver. Ce même sujet est traité plus complètement dans une vitre de l'église de Marissel (près Beauvais). Nous y avons emprunté quelques mots à l'inscription qui est aussi mutilée; mais de ces deux débris, il n'est malhenreusement résulté rien de parfait.

Come jadis....... deux enfans innocens
(En s'esbattant) ensemble se noièrent
Dont leur parens perdirent presque sens
Ce nonobstant à sainct Claude vouèrent
....................se louèrent
.... qui sert sainct Claude.

Sur un monument dans le lointain de ce dernier tableau, on découvre NICOL. JH, signatures de Nicolas et Jean Lepot, peintres sur verre à Beauvais. Simon a donc commis une erreur en attribuant ce vitrail à Angrand le Prince.

Chapelle Ste-Marthe. L'homme le plus étranger à l'histoire de l'art chrétien et le plus insensible à ses beautés, ne peut se défendre d'un sentiment d'admiration en présence des sculptures qui forment le rétable de cette chapelle. Leur premier mérite, mérite inappréciable, est de conserver leur peinture primitive; elles représentent l'*Ecce homo*, entre sainte Marthe qui tient un bénitier, et sainte Marguerite qui foule un dragon rugissant; ces trois personnages sont presque de grandeur naturelle et dans une vérité d'attitude qui frappe; les deux saintes portent des robes d'une magnificence extraordinaire. Il suffira de contempler un moment ces peintures variées, ces expressions de figure, ces fortes nuances de coloris, ces dentelles à jour, ces rinceaux dorés qui se jouent sur les trois dais en encorbellement, pour comprendre le tort injurieux que le badigeon fait à toutes nos anciennes églises, et (sans aller chercher d'exemples si loin) qu'il a fait à la *Mater dolorosa*, à sainte Wilgeforte et à l'*Ecce homo* de la nef.

L'autel en boiseries à papiers roulés et à médaillons du XVIe siècle, présente l'ancienne forme de tombeau si long-tems, mais pas assez long-tems, en usage dans l'Eglise.

Sur le pilier qui fait l'angle gauche, il y avait une statue de saint Druon, avec une légende gravée sur la pierre; la légende seule a survécu; on sera peut-être curieux de la lire :

Saint Druon, du pays de Caux, quitta sa maison paternelle âgé de quatorze ans pour s'adonner à Dieu; méprisant la noblesse et abandonnant ses biens aux pays de Hainault; après y avoir été berger quelques temps il fit le voyage de Rome plusiers fois... Dans une petite loge qu'il se bâtit près de l'église de Sebourg en Hainault..... Après y avoir vécu sainctement, trespassa à quarante ans; et qui a opéré plusieurs miracles, comme guérissant ceux qui étoient travaillé de pierre et gravelle.

Le vitrail qui représentait la Nativité de Jésus-Christ, conserve seulement dans ses parties supérieures une adoration des mages qui fait vivement regretter les autres tableaux.

Cette chapelle a servi de sépulture à la famille Auxcousteaux; on lit encore cette inscription gravée en lettres d'or sur marbre noir :

ICY DEVANT REPOSENT
M. JEAN AUXCOUSTEAUX, SEIGNEUR
DE CONTY ET FERCAULT, GENTILHOMME
ORDINAIRE DE FEU MONSIEUR
PHILIPPE DE FRANCE, FRÈRE UNIQUE
DU ROY LOUIS XIV, DÉCÉDÉ LE 26 JUIN
1717. AGÉ DE 67 ANS.
ET D^ME^ MARIE DE LA CROIX SON ÉPOUSE
FILLE DE CLAUDE DE LA CROIX
SEIGNEUR DE MONT-ROGER
ET MARESCHAL DES LOGIS
DU MESME PRINCE,
DÉCÉDÉE LE 20 FÉVRIER 1701
AGÉE DE 40 ANS.
ET FEU CLAUDE AUXCOUSTEAUX, LEUR
FILS, SEIGNEUR DU FIEF DE CONTY
ET FAY S^T^ QUENTIN EN PARTIE SEYS
A BRELLE, ET EN PARTIE DE FERCOURT,
ANCIEN OFFICIER D'INFANTERIE
DÉCÉDÉ LE 17 DÉCEMBRE 1767
AGÉ DE 85 ANS.

†

PRIEZ DIEU POUR LEURS AMES.

Entre la chapelle sainte Marthe et la suivante se trouve la sacristie, où l'on entre par une porte chargée d'arabesques et bronzée récemment avec son archivolte; le plafond est traversé de deux nervures prismatiques en croix de saint André. Une petite chambre, formant étage sur la sacristie, renferme le dépôt des archives de Saint-Etienne, qui consistent en une vingtaine de cahiers manuscrits du XVIe siècle; ce ne sont malheureusement que comptes de marguilliers et autres pièces analogues fort peu intéressantes. Il y a aussi un amas de vitraux brisés qui proviennent de l'église même, et qu'il serait difficile, sinon impossible, d'utiliser. Pour arriver en cet endroit, on entre par la chapelle du saint Sépulcre, dans un corridor sombre et étroit pratiqué dans l'épaisseur du mur; on monte l'escalier à vis dont le renflement paraît à l'angle septentrional de la chapelle Notre-Dame de Lorette, et qui accède au lieu dit le trésor, dénomination qui pouvait être juste sous les chanoines de Saint-Vaast, mais qui assurément, et malheureusement pour l'église, n'a plus l'ombre de vérité.

Quand le chapitre de Saint-Vaast possédait le chœur et y chantait son office, cette chapelle qui occupe deux travées était proprement la paroisse de Saint-Etienne. Chapelle N. D. de Lorette.

Au-dessus de l'autel on voit un grand tableau de de l'Assomption attribué à Philippe de Champagne.

La statue de saint Sébastien percé de flèches, s'adossant contre un pilier, repose sur une console de la renaissance où est sculptée la Visitation.

1re *fenêtre*. De l'ancien vitrail totalement ruiné, les débris remplissent encore les jours du réseau; ce sont des anges tenant divers instrumens de musique, ou complétant par leur attitude le tableau qui a disparu.

2ᵉ *fenêtre.* Notre-Dame de Lorette. Au tems de la prédication des apôtres, les premiers chrétiens remarquèrent à Nazareth la maison où la sainte Vierge fut saluée par l'ange et où fut consommé l'ineffable mystère de l'incarnation du Verbe. Dès-lors, entourée de la vénération des peuples, protégée d'abord par leur piété, puis par une immense basilique qui la renferma dans son sein, elle devint un lieu de pélerinage où l'on accourut de tout le monde chrétien. Ce pélerinage fut long-tems célèbre, long-tems suivi; mais les voyages en Terre-Sainte devenant de plus en plus difficiles et périlleux, le chemin de Nazareth fut de moins en moins fréquenté. Vers la fin du XIIIᵉ siècle, en 1291, la maison de la sainte Vierge fut enlevée par les anges du milieu de l'église où elle était placée, et fut transportée par eux en Dalmatie; objet d'un culte tout particulier, elle y resta trois ans après lesquels les anges l'enlevèrent de nouveau, la transportèrent dans la Marche-d'Ancône, et la déposèrent dans un bois qui appartenait à une pieuse femme appelée Lorette. Une église y fut bâtie, et bientôt une ville fondée; telle est l'origine du célèbre pélerinage de Notre-Dame de Lorette.

Tout merveilleux qu'il paraît être, ce fait est néanmoins attesté par les témoignages les plus authentiques, et confirmé par les preuves historiques, les miracles et les enquêtes apostoliques les plus minutieuses. Mille témoins virent le cortége aérien, plusieurs députations furent envoyées à Nazareth, et le concours de toutes les circonstances qui accompagnèrent ce prodigieux événement en démontre la réalité avec la dernière évidence. D'ailleurs on peut consulter à ce sujet les ouvrages de controverse.

Cette miraculeuse translation est traitée dans ce vitrail en quatre tableaux ; mais quoique l'histoire en soit bien connue, l'intelligence de tous les détails peints ici n'est plus très-facile depuis que les inscriptions sont ou altérées ou entièrement effacées.

1er *tableau.* La maison de Nazareth est arrêtée dans un pays où sa présence excite un soulèvement populaire ; des hommes armés, des curieux l'entourent.

2e *tableau.* Autre repos de la maison sainte ; on voit que des prodiges merveilleux opérés à l'intercession de ceux qui l'honorent y enflamment l'enthousiasme des croyans.

3e *tableau.* Arrivée en Dalmatie. La sainte Vierge tenant l'enfant Jésus paraît à l'entrée de sa maison et reçoit les hommages de la multitude qui l'entoure.

4e *tableau.* Dans le lointain arrivent du plus haut des airs les anges qui viennent déposer leur précieux fardeau dans une campagne couverte d'arbres ; on lit dans le feuillage deux inscriptions portant : *Le bois de Laurette.* Sur l'avant-scène la maison où paraît encore la sainte Vierge est toujours environnée d'une foule pieuse ; une femme en robe rouge rehaussée d'un surtout en drap d'or, agenouillée, un cierge à la main, représente sans doute Laurette.

Comme tous les pays étaient jaloux de la faveur d'avoir possédé la divine maison, les légendes du tems ont encore enchéri sur la vérité historique des faits, étendant à une multitude de lieux cette visitation surnaturelle.

On prétend que ce vitrail est tiré des cartons de Raphaël; certains types de figures, certaines poses de sa manière appuieraient assez cette opinion.

Chapelle du St-Sépulcre. Elle s'ouvrait sur l'église par deux baies traversées de lames de couteaux, aujourd'hui fermées par un crépi. A l'intérieur, le tombeau était placé dans l'entrecolonnement de deux piliers maintenant séparés par une cloison qui divise la chapelle en deux parties égales. La voûte n'est qu'un tissu de filets prismatiques ramifiés indéfiniment; il y a deux portes, dont l'une servait d'entrée et l'autre de sortie aux adorateurs du Saint des Saints. On lit dans la partie gauche cette inscription gothique :

Icy dedans gist un povre pecheur
Guy de Hodenc nõmé qui en l'honneur
De Jhũ Christ et de la passion
A faict construire par grãd dévotion
Ce beau sépulchre en l'an VC de grâce
M. avent deux. Jhs pardon ly face.

FIN.

TABLE DES MATIÈRES.

FIN DE LA TABLE.

www.ingramcontent.com/pod-product-compliance
Ingram Content Group UK Ltd.
Pitfield, Milton Keynes, MK11 3LW, UK
UKHW020259220726
13923UKWH00002B/972